Sabrina Holitzner

Leseförderung in den Niederlanden

am Beispiel der Stiftungen »Stichting Lezen«, »Stichting Lezen & Schrijven« und »Stichting Collectieve Propaganda van het Nederlandse Boek«

Sabrina Holitzner

Leseförderung in den Niederlanden

**am Beispiel der Stiftungen »Stichting Lezen«, »Stichting Lezen & Schrijven«
und »Stichting Collectieve Propaganda van het Nederlandse Boek«**

Mainzer Institut für Buchwissenschaft

INITIALEN

Sabrina Holitzner
wurde 1990 in Mainz geboren. Im März
2016 schloss sie ihr Bachelorstudium in
den Fächern Buch- und Filmwissenschaft
an der Johannes Gutenberg-Universität
Mainz ab. Derzeit absolviert die Autorin
den Masterstudiengang Buchwissenschaft
in Mainz.
Durch jährliche Reisen in die Niederlande
entwickelte die Autorin ein großes Interesse für die niederländische Sprache und
Kultur. In Anlehnung daran wählte sie als
Untersuchungsgegenstand ihrer Arbeit
die Leseförderung in den Niederlanden.

INITIALEN 27

Sabrina Holitzner

Leseförderung in den Niederlanden

am Beispiel der Stiftungen »Stichting Lezen«, »Stichting Lezen & Schrijven« und »Stichting Collectieve Propaganda van het Nederlandse Boek«

© 2015 Mainzer Institut für Buchwissenschaft

Gesetzt aus Minion Pro und Myriad Pro
in der Lehrdruckerei des Instituts für Buchwissenschaft
von Saskia Kühn, Magdalena Stumm und Lisa Wegener

Lektorat Stephanie Kempin, Jasmin Kerz, Jessica Peiffer und
Andrea Smajic-Knezevic

Marketing/PR Isabell Thomas und Francesca Peluso

Printausgabe ISBN 978-3-945883-39-6
EPUB ISBN 978-3-945883-40-2
PDF ISBN 978-3-945883-41-9

INHALT

ABBILDUNGSVERZEICHNIS

1 EINLEITUNG

1.1 Zielsetzung der Arbeit

Ja, das grenzenloseste aller Abenteuer der Kindheit, das war das Leseabenteuer. Für mich begann es, als ich zum ersten Mal ein eigenes Buch bekam und mich da hineinschnupperte. In diesem Augenblick erwachte mein Lesehunger, und ein besseres Geschenk hat das Leben mir nicht beschert.[1]

So beschrieb die bekannte schwedische Kinderbuchautorin Astrid Lindgren (1907–2002)[2] ihre Liebe zum Lesen. Ein Buchgeschenk in ihrer Kindheit reichte aus, um sie ein Leben lang für das Lesen zu begeistern. Doch nicht alle Kinder und Jugendliche schmökern so gerne in einem Buch wie Astrid Lindgren es tat. Obwohl jedes zweite Kind zwischen 6 und 13 Jahren in Deutschland mindestens einmal in der Woche ein Buch liest (16 Prozent davon jeden oder fast jeden Tag), ist das Lesen bei dieser Altersgruppe als Freizeitbeschäftigung trotzdem nicht so beliebt wie Fernsehen, Computer-, Konsolen- oder Onlinespiele. Auch das Musik- sowie Radiohören und die allgemeine Nutzung von Computer, Internet oder Smartphone (siehe Abbildung 1) nehmen an Beliebtheit ab. Das hat die KIM-Studie 2014 ergeben, in der der Medienumgang 6- bis 13-Jähriger in Deutschland untersucht wurde.[3] 12- bis 19-Jährige beschäftigen sich noch öfter mit digitalen Medien. Das

---

1 Lindgren, Astrid: Das entschwundene Land. Hamburg: Oetinger 2007, S. 79.

2 Vgl. ebd., S. 2.

3 Vgl. KIM-Studie 2014. Kinder + Medien, Computer + Internet. Basisuntersuchung zum Medienumgang 6- bis 13-Jähriger in Deutschland. Hrsg. vom Medienpädagogischen Forschungsverbund Südwest. Stuttgart: Medienpädagogischer Forschungsverbund Südwest 2015. URL: http://www.mpfs.de/fileadmin/KIM-pdf14/KIM14.pdf [17.12.2015], S. 10f.

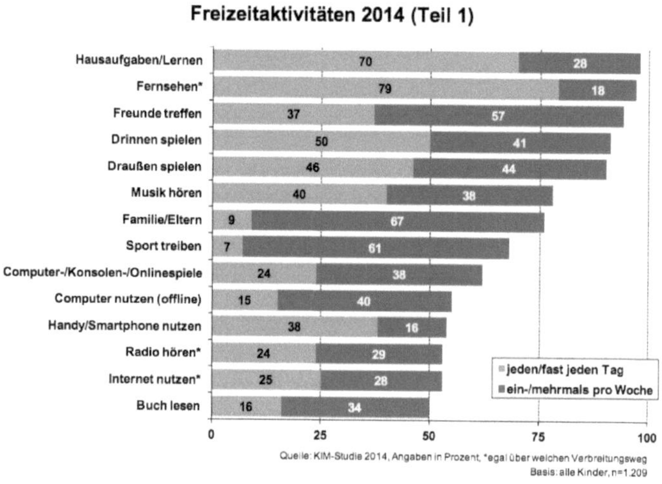

Freizeitaktivitäten 2014 (Teil 1)

Abb. 1: Freizeitaktivitäten von Kindern zwischen 6 und 13 Jahren in Deutschland.[4]

haben die Ergebnisse der JIM-Studie 2015 gezeigt. 94 Prozent dieser Altersgruppe nutzen in ihrer Freizeit regelmäßig ihr Handy oder Smartphone, 92 Prozent das Internet. Nur 36 Prozent der 12- bis 19-Jährigen greifen kontinuierlich zum Buch, 19 Prozent davon täglich (siehe Abbildung 2).[5] Daher ist es wichtig, Leseförderung zu betreiben und noch mehr Kinder und Jugendliche für Bücher und das Lesen allgemein zu begeistern. In Deutschland engagieren sich u. a. die Stiftung Lesen und der Börsenverein des Deutschen Buchhandels für die Leseförderung. Das Lesen muss aber nicht nur bei Kindern und Jugendlichen, sondern auch bei Erwachsenen gefördert werden. Hinzu kommt, dass einige mit dem Schreiben Probleme haben. Der Bundesverband Alphabetisierung und Grundbildung e. V. versucht, dem entgegenzuwirken. Leseförderung ist jedoch auch in anderen Ländern, wie z. B.

---

4   Quelle: KIM-Studie 2014. Kinder + Medien, Computer + Internet. Basisuntersuchung zum Medienumgang 6- bis 13-Jähriger in Deutschland. Hrsg. vom Medienpädagogischen Forschungsverbund Südwest. Stuttgart: Medienpädagogischer Forschungsverbund Südwest 2015. URL: http://www.mpfs.de/fileadmin/KIM-pdf14/KIM14.pdf [17.12.2015], S. 10.

5   Vgl. JIM-Studie 2015. Jugend, Information, (Multi-) Media. Basisstudie zum Medienumgang 12- bis 19-Jähriger in Deutschland. Hrsg. vom Medienpädagogischen Forschungsverbund Südwest. Stuttgart: Medienpädagogischer Forschungsverbund Südwest 2015. URL: http://www.mpfs.de/fileadmin/JIM pdf15/JIM_2015.pdf [18.12.2015], S. 11.

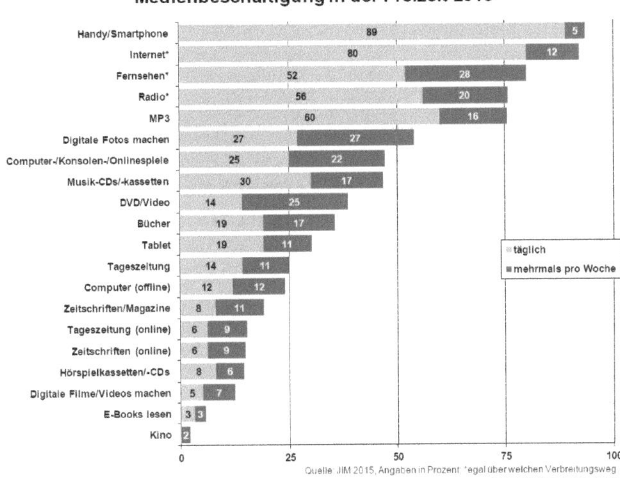

Abb. 2: Medienbeschäftigung in der Freizeit von 12- bis 19-Jährigen in Deutschland.[6]

unserem Nachbarland, den Niederlanden, erforderlich. Dort ziehen 10- bis 18-Jährige Fernsehen, Smartphone, Tablet und Laptop einem Buch vor. Nur 24 Prozent dieser Altersgruppe lesen mehrfach in der Woche bis täglich Comics, 23 Prozent Belletristik, 14 Prozent Sachbücher. Täglich werden Belletristik lediglich von sieben Prozent, Comics von fünf Prozent und Sachbücher von drei Prozent der 10- bis 18-Jährigen gelesen (siehe Abbildung 3).[7]

Die vorliegende Arbeit beschäftigt sich mit Leseförderung in den Niederlanden. Es soll dabei die folgende Forschungsfrage beantwortet werden: Welche Ziele verfolgen die Stichting Lezen, die Stichting Lezen & Schrijven und die Stichting Collectieve Propaganda van het Nederlandse Boek und wie versuchen sie, diese zu erreichen? Durch die Bachelorarbeit sollen also Erkenntnisse über die Leseförderung in den Niederlanden gewonnen werden. Ziel ist es ferner, diese Erkenntnisse auf Deutschland anzuwenden und Aussagen

---

6   Quelle: JIM-Studie 2015. Jugend, Information, (Multi-) Media. Basisstudie zum Medienumgang 12- bis 19-Jähriger in Deutschland. Hrsg. vom Medienpädagogischen Forschungsverbund Südwest. Stuttgart: Medienpädagogischer Forschungsverbund Südwest 2015. URL: http://www.mpfs.de/fileadmin/JIM-pdf15/JIM_2015.pdf [18.12.2015], S. 11.

7   Vgl. Leesmonitor: Leestijd kinderen. In: Homepage von Leesmonitor (Eine Initiative von Stichting Lezen). 2015. URL: http://www.leesmonitor.nu/leestijd-kinderen [18.12.2015].

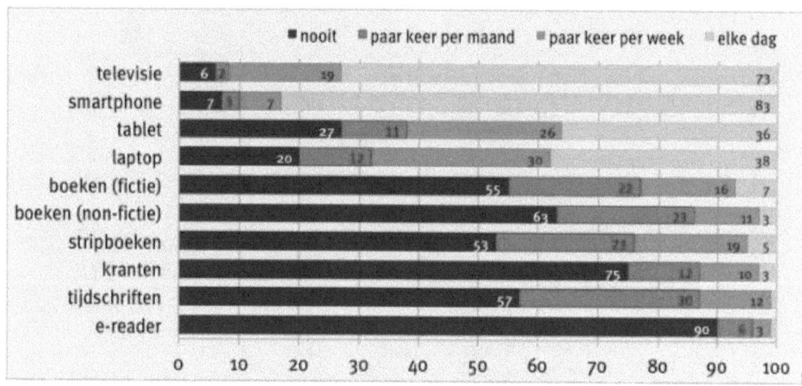

Abb. 3: Mediengebrauch der 10- bis 18-Jährigen in den Niederlanden.[8]

darüber zu treffen, was deutsche Institutionen, die das Lesen fördern, von der Leseförderung in den Niederlanden lernen können.

Es ist nötig, zuerst einmal wichtige Grundbegriffe zu definieren und die allgemeinen Ziele und Aufgaben von Leseförderung zu erläutern, bevor sich dann dem Leseverhalten und den Lesegewohnheiten in den Niederlanden gewidmet wird. Als Vergleich wird der Blick auch auf Lesegewohnheiten in Deutschland geworfen. Das daran anschließende Hauptkapitel befasst sich ausführlich mit den drei niederländischen Stiftungen und ihren Kampagnen und Projekten zur Leseförderung. Dabei wird, wenn möglich, ein direkter Vergleich zu lesefördernden Institutionen in Deutschland gezogen. Nur so lassen sich Aussagen darüber treffen, wo in puncto Leseförderung in Deutschland noch Verbesserungsmöglichkeiten bestehen.

1.2 Forschungsstand und Methode

In Deutschland hat sich bisher noch niemand mit dem Thema »Leseförderung in den Niederlanden« wissenschaftlich näher befasst. Allerdings wurde schon intensiv zur Leseförderung an sich geforscht. Eine grundlegende Definition zur Leseförderung lieferte Zitzlsperger[9], ergänzt für die notwendige

---

8   Quelle: Leesmonitor: Leestijd kinderen. In: Homepage von Leesmonitor (Eine Initiative von Stichting Lezen). 2015. URL: http://www.leesmonitor.nu/leestijd-kinderen [18.12.2015].

9   Zitzlsperger, Rolf: Leseförderung. In: Lexikon des gesamten Buchwesens. Band IV. Hrsg. von Severin Corsten u. a. 2., völlig neu bearbeitete Aufl. Stuttgart: Hiersemann 1995, S. 479f.

Aktualität durch Keller-Loibl[10]. Zitzlsperger war außerdem sehr hilfreich, da er vier Grundformen der Leseförderung benennt. Hurrelmann[11] umreißt die Ziele der Leseförderung noch einmal klar. Für neue Aspekte zur Leseförderung hinsichtlich der Digitalisierung wurde auf einen Onlineartikel von Leesmonitor[12], einer Initiative der Stichting Lezen, zurückgegriffen. Der ökonomische Aspekt der Leseförderung wird lediglich bei Bittkow[13] berücksichtigt. Daher wurde ihr Aufsatz ebenso hinzugezogen. Durch den Aufsatz von Mahling[14] konnten wesentliche Informationen zur schulischen Leseförderung gewonnen werden. Des Weiteren ist der Aufsatz von Ehmig[15] in Bezug auf außerschulische Leseförderung grundlegend und wurde daher mehrfach verwendet. Zudem bieten die Aufsätze von Mahling und Ehmig die notwendige Aktualität.

In Studien hat die Stichting Marktonderzoek Boekenvak/GfK[16] ausführlich das Leseverhalten und die Lesegewohnheiten in den Niederlanden untersucht. Deren Ergebnisse fanden Niederschlag in dieser Arbeit. Da bei Huysmans[17] das Leseverhalten von Kindern und Jugendlichen in den Niederlanden eingehend behandelt wird, konnten dadurch ebenso Informationen gewonnen werden. In Deutschland liegen vom Börsenverein des Deut-

10   Keller-Loibl, Kerstin: Handbuch Kinder- und Jugendbibliotheksarbeit. Bad Honnef: Bock + Herchen 2009.

11   Hurrelmann, Bettina: Leseförderung – eine Daueraufgabe. In: Mehr als ein Buch. Leseförderung in der Sekundarstufe I. Hrsg. von der Bertelsmann Stiftung. Gütersloh: Verlag Bertelsmann Stiftung 1996, S. 13–33.

12   Leesmonitor: Voordelen verrijkte kinderboeken. In: Homepage von Leesmonitor (Eine Initiative von Stichting Lezen). 2015. URL: http://www.leesmonitor.nu/voordelen-verrijkte-kinderboeken [28.12.2015].

13   Bittkow, Silke: Lesen. In: Das BuchMarktBuch. Der Literaturbetrieb in Grundbegriffen (Rororo. Rowohlts Enzyklopädie 55672). Hrsg. von Erhard Schütz u. a. 2., durchgesehene Aufl. Reinbek bei Hamburg: Rowohlt Taschenbuch Verlag 2010, S. 197–203.

14   Mahling, Marina: Lesen und Schule. In: Lesen. Ein interdisziplinäres Handbuch. Hrsg. von Ursula Rautenberg und Ute Schneider. Berlin: De Gruyter 2015, S. 547–566.

15   Ehmig, Simone C.: Außerschulische Leseförderung. In: Lesen. Ein interdisziplinäres Handbuch. Hrsg. von Ursula Rautenberg und Ute Schneider. Berlin: De Gruyter 2015, S. 567–596.

16   Rapportage GfK 36676 Boekenbranche Meting 31. 1e reguliere meting van 2015 naar het kopen, lezen en lenen van boeken. Hrsg. von KVB – Stichting Marktonderzoek Boekenvak/GfK. Hilversum: GfK 2015. URL: http://www.kvb.nl/stream/smb-31-rapportage-pdf [26.12.2015].

17   Huysmans, Frank: Van woordjes naar wereldliteratuur. De leeswereld van kinderen van 7–15 jaar. Amsterdam/Den Haag: Stichting Lezen; Sectorinstituut Openbare Bibliotheken 2013. URL: http://www.lezen.nl/sites/default/files/vanwoordjesnaarwereldliteratuur_0.pdf [29.12.2015].

schen Buchhandels[18] und von der Stiftung Lesen[19] für diese Arbeit wertvolle Forschungsergebnisse hinsichtlich des Leseverhaltens in Deutschland vor. Für das Leseverhalten von deutschen Kindern war die KIM-Studie[20] hilfreich.

Um die Fragestellung dieser Arbeit beantworten zu können, wurde hauptsächlich auf Quellen der Stichting Lezen, der Stichting Lezen & Schrijven und der Stichting Collectieve Propaganda van het Nederlandse Boek zurückgegriffen, da diese äußerst aufschlussreich waren und die notwendige Aktualität boten. Allerdings sind sie mit der erforderlichen Distanz aufgrund der subjektiven Perspektive der einzelnen Stiftungen zu sehen. Lediglich bei der Stichting Lezen konnte auch Forschungsliteratur[21] miteinbezogen werden. Die Stichting Lezen & Schrijven und die Stichting Collectieve Propaganda van het Nederlandse Boek sind auch in den Niederlanden bisher nur wenig erforscht. Zur Entstehungsgeschichte der Stichting Lezen konnten insbesondere bei Franken/Graaf[22] wesentliche Informationen gewonnen werden. Für die Projekte der Stichting Lezen war der Jahresbericht von 2014[23] als Ergänzung zu den Onlinequellen äußerst hilfreich. Wichtige Erkenntnisse zu den Projekten »BoekStart« (Buchstart) und »Bibliotheek op school« (Bibliothek in der Schule) konnten durch die Quelle »Meer lezen, beter in taal. Feiten en cijfers«[24] erlangt werden. Eine essenzielle Quelle bezüglich der Stichting Lezen & Schrijven war der Jahresbericht der Stiftung von 2014[25], da dieser wichtige Informationen zur Organisation der Stiftung und zu ihren Projekten und Kampagnen enthält. Hinsichtlich der Stichting Collectieve Propaganda van het Nederlandse Boek konnte kein aktueller Jahresbericht zu Rate

---

18 Buchkäufer und -leser 2015. Profile, Motive, Einstellungen. Pressemappe. Hrsg. vom Börsenverein des Deutschen Buchhandels. Frankfurt am Main: Börsenverein des Deutschen Buchhandels 2015. URL: http://www.boersenverein.de/sixcms/media.php/1117/Buchk%C3%A4ufer_und_leser_2015_ Pressemappe.pdf [30.12.2015].
19 U. a. Vorlesestudie 2013: Neuvermessung der Vorleselandschaft. Repräsentative Befragung von Eltern mit Kindern im Alter von 2 bis 8 Jahren. Hrsg. von Stiftung Lesen, Deutsche Bahn und die ZEIT. Mainz: Institut für Lese- und Medienforschung der Stiftung Lesen 2013. URL: https://www. stiftunglesen.de/download.php?type=documentpdf&id=1064 [30.12.2015].
20 KIM-Studie 2014.
21 Franken, Roos/Graaf, Iris de: Het belang van lezen, leesbevordering en Stichting Lezen. Onderzoek naar vijfentwintig jaar leesbevorderingsbeleid. Amsterdam: Stichting Lezen 2013 und Samen werken aan een sterke leescultuur. Beleidsvoornemens van Stichting Lezen voor de cultuurplanperiode 2013–2016. Hrsg. von Stichting Lezen. Amsterdam: Stichting Lezen 2012.
22 Franken/Graaf: Het belang van lezen, leesbevordering en Stichting Lezen.
23 Jaarverslag 2014. Hrsg. von der Stichting Lezen. Amsterdam: Stichting Lezen 2015.
24 Meer lezen, beter in taal. Feiten en cijfers. Hrsg. von der Stichting Lezen und Kunst van Lezen. Amsterdam: Stichting Lezen 2015.
25 Jaarverslag 2014. Hrsg. von der Stichting Lezen & Schrijven. Den Haag: Stichting Lezen & Schrijven 2015. URL: http://www.lezenenschrijven.nl/uploads/editor/jaarverslag_2014.pdf [1.1.2016].

gezogen werden, da dieser noch nicht vorliegt. Die Zahlen des Jahresberichts von 2013[26] sind nicht mehr auf dem aktuellen Stand und konnten daher nicht genutzt werden. Bei dem verwendeten Material im Hauptteil der Arbeit handelt es sich hauptsächlich um niederländische Quellen und Forschungsliteratur, da unmittelbar zu den drei Stiftungen keine aktuellen deutschen Quellen oder Forschungsliteratur vorliegen. Aufgrund der Niederländischkenntnisse der Verfasserin dieser Arbeit konnten die Quellen und die Forschungsliteratur problemlos aus dem Niederländischen übersetzt und benutzt werden.

Einige der benötigten Informationen zu den drei niederländischen Stiftungen haben sich weder aus (Internet-)Quellen noch aus der Forschungsliteratur entnehmen lassen. Daher wurde auf Experteninterviews zurückgegriffen, um diese Informationen zu gewinnen. Bei der vorliegenden Arbeit haben sich Experteninterviews als äußerst hilfreiche Methode herausgestellt, da Experten über Spezial-, Kontext- und Erfahrungswissen verfügen, das sie dem Forschenden in einem Interview vermitteln können.[27] Durch den Wissensvorsprung der Experten können neue Erkenntnisse für die eigene Untersuchung gewonnen werden.[28] Gleichzeitig kann aber auch im Vorfeld erlangtes Wissen mit ihren Aussagen abgeglichen werden.[29] Für die vorliegende Arbeit wurde jeweils eine Person pro Stiftung per E-Mail als Experte befragt: Luke Iseger von der Stichting Lezen & Schrijven, Esther Scholten von der Stichting Collectieve Propaganda van het Nederlandse Boek und Desirée van der Zander von der Stichting Lezen. Allen drei Personen wurden die gleichen Schlüsselfragen gestellt. Ergänzt wurden diese durch institutionsspezifische Fragen. Die Interviewpartner wurden entweder direkt per E-Mail angefragt oder innerhalb der jeweiligen Stiftung vermittelt. Die Durchführung der Interviews fand im Dezember 2015 statt.

---

26   Jaaroverzicht 2013. Hrsg. von der Stichting Collectieve Propaganda van het Nederlandse Boek. Amsterdam: Stichting CPNB 2014. URL: http://web.cpnb.nl/engine/download/blob/cpnb/61970/2015/15/cpnbjaar2013_LR_DEF.pdf?app=cpnb&class=8353&id=1758&field=61970 [8.1.2016].

27   Vgl. Hoffmann, Dagmar: Experteninterview. In: Qualitative Medienforschung. Ein Handbuch. Hrsg. von Lothar Mikros und Claudia Wegener. Konstanz: UVK 2005, S. 268–278, hier S. 269f.

28   Vgl. Keuneke, Susanne: Qualitatives Interview. In: Qualitative Medienforschung. Ein Handbuch. Hrsg. von Lothar Mikros und Claudia Wegener. Konstanz: UVK 2005, S. 254–267, hier S. 262.

29   Vgl. Hoffmann: Experteninterview, S. 270.

1.3 Leseförderung – Wichtige Begriffe, Ziele und Maßnahmen

Leseförderung fördert das Lesen. Doch was ist Lesen überhaupt? Erich Schön definiert dies folgendermaßen:

> *Lesen ist Sinnbildung aus Geschriebenem und Gedrucktem. […] Erst die Verstehenstätigkeit eines Lesers gibt einem Text Sinn: Sprachliche Zeichen sind, wie Zeichen überhaupt, als bloße Zeichengestalten bedeutungsleer, solange ihnen nicht Benutzer […] eine Bedeutung zuordnen.*[30]

Um einen Text zu verstehen, muss man beim Lesen nicht nur eine Zeichenfolge entziffern, sondern auch Zusammenhänge erschließen können. Beim Lesen kommt neben dem Sinnverstehen noch das Leseerlebnis hinzu.[31] Das enthält »Momente wie Genuß, Betroffenheit, Identifikation.«[32] Kurz zusammengefasst bedeutet Lesen das »opnemen, verwerken, begrijpen, interpreteren en evalueren van geschreven woorden, zinnen, alinea´s, paragrafen en teksten, van papier of digitaal.«[33] Es wird also explizit darauf hingewiesen, dass Lesen nicht nur das Lesen von gedruckten Schriftstücken, sondern auch von digitalen Texten (z. B. E-Mails, Online-Zeitschriften, Texte auf Internetseiten, E-Books) beinhaltet. Um einen Text flüssig lesen zu können, muss man Lesekompetenz[34] besitzen. Lesekompetenz bezeichnet die

30 Schön, Erich: Lesen. In: Lexikon des gesamten Buchwesens. Band IV. Hrsg. von Severin Corsten u. a. 2., völlig neu bearbeitete Aufl. Stuttgart: Hiersemann 1995, S. 485–487, hier S. 485.

31 Vgl. ebd., S. 485.

32 Ebd., S. 485.

33 »Aufnehmen, Verarbeiten, Verstehen, Interpretieren und Bewerten von geschriebenen Wörtern, Sätzen, Absätzen, Paragrafen und Texten, auf Papier oder digital.« (Übersetzung Sabrina Holitzner). Stichting Lezen: Begrippenlijst. In: Leesmonitor – Het Magazine. Onderzoek over lezen, leesbevordering en literatuureducatie. 1. Jg. (2015) Nr. 2, S. 2of., hier S. 20.

34 In der Forschungsliteratur wird der Begriff »Lesekompetenz« häufig synonym zu den Begriffen »Lesefertigkeit« und »Lesefähigkeit« verwendet. Dies ist z. B. bei Bucher (vgl. Bucher, Priska: Leseverhalten und Leseförderung. Zur Rolle von Schule, Familie und Bibliothek im Medienalltag Heranwachsender. Diss. phil. Universität Zürich 2003/2004. Zürich: Verlag Pestalozzianum 2004, S. 53) und Muratović (vgl. Muratović, Bettina: Lesen und Familie. In: Lesen. Ein interdisziplinäres Handbuch. Hrsg. von Ursula Rautenberg und Ute Schneider. Berlin: De Gruyter 2015, S. 383–400, hier S. 387) der Fall. Im Duden wird bei »Lesekompetenz« als Bedeutung »Lesefertigkeit« angegeben (vgl. Lesekompetenz, die: In: Homepage des Dudenverlags. 2015. URL: http://www.duden.de/rechtschreibung/Lesekompetenz [23.12.2015]). Die Lesefertigkeit wiederum ist laut Duden die »Fähigkeit, selbstständig Texte zu lesen und mit dem Verstand zu erfassen« (Lesefertigkeit, die. In: Homepage des Dudenverlags. 2015. URL: http://www.duden.de/rechtschreibung/Lesefertigkeit [23.12.2015]). Lediglich Schön nimmt eine genaue Unterscheidung zwischen den Begriffen »Lesefähigkeit« und »Lesekompetenz« vor: Der »Erwerb [von Lesefähigkeit] erfolgt i. d. R. in den ersten Grundschuljahren; Lesekompetenz bildet sich ca. im Alter von 8 bis 14 Jahren.« (Schön: Lesen, S. 485). Im Niederländischen gibt es für »Lesekompetenz«, »Lesefähigkeit« und »Lesefertigkeit« nur einen Begriff: »leesvaardigheid« (vgl. Stichting Lezen: Begrippenlijst, S. 21). In der vorliegenden Arbeit wurde sich dafür entschieden, den Begriff »Lesekompetenz« einheitlich zu verwenden.

Fähigkeit, geschriebene Texte unterschiedlicher Art in ihren Aussagen,
ihren Absichten und ihrer formalen Struktur zu verstehen und in einen
größeren Zusammenhang einordnen zu können, sowie in der Lage zu
sein, Texte für verschiedene Zwecke sachgerecht zu nutzen.[35]

Sie befähigt einen dazu, den eigenen Wissensstand zu erweitern und am
gesellschaftlichen Leben aktiv teilzuhaben.[36] Lesekompetenz ermöglicht
zudem die Teilhabe am kulturellen und politischen Geschehen.[37] Doch nicht
alle Menschen verfügen über die notwendige Lesekompetenz. Daher ist es
umso wichtiger, Leseförderung zu betreiben. Der Begriff »Leseförderung«
entstand in den 1970er Jahren, als das Lesen durch das in den 1960ern aufge-
kommene Medium Fernsehen eine große Konkurrenz bekam. Den Einfluss
des Fernsehens wollte man durch die Förderung von Lesen begrenzen.[38] Rolf
Zitzlsperger definiert Leseförderung wie folgt:

Leseförderung [umfasst] grundsätzlich alle pädagogischen und
didaktischen Möglichkeiten, einschließlich ihrer organisatorischen
Umsetzung, die darauf abzielen, die Bereitschaft zur Beschäftigung
mit Printmedien (Buch, Ztg., Zs.) bei Kindern, Jugendlichen und
Erwachsenen zu heben.[39]

Da sich Leseförderung mittlerweile aber nicht mehr auf Printmedien
beschränkt, hat Kerstin Keller-Loibl diese Definition ergänzt:

Angesichts der Textlastigkeit des Internets und der wachsenden
Bedeutung des Lesens in verschiedenen Nonprintmedien erweitert
sich der Gegenstandsbereich: Leseförderung hat das Ziel, an die
Schriftkultur heranzuführen, unabhängig davon, auf welchem
Trägermedium sich der jeweilige Text befindet.[40]

Rolf Zitzlsperger unterscheidet vier Grundformen der Leseförderung, die
sich oft gegenseitig ergänzen: direkte Leseförderung, Vermittlungsförderung, Kampagnenformen der Leseförderung und Leseförderung im

35 PISA 2000. Zusammenfassung zentraler Befunde. Hrsg. von Cordula Artelt u. a. Berlin:
   Max-Planck-Institut für Bildungsforschung 2001. URL: https://www.mpib-berlin.mpg.de/Pisa/
   ergebnisse.pdf [20.12.2015], S. 11.
36 Vgl. Stichting Lezen: Begrippenlijst, S. 21.
37 Vgl. Schram, Dick: De aarzelende lezer over de streep – verslag van een conferentie en het waarom
   ervan. In: De aarzelende lezer over de streep. Recente wetenschappelijke inzichten (Stichting Lezen
   reeks 22). Delft: Eburon 2013. URL: http://www.lezen.nl/sites/default/files/de%20aarzelende%20
   lezer%20over%20de%20streep.pdf [28.12.2015], S. 9–19, hier S. 10.
38 Vgl. Buhrfeind, Anne u. a.: Leseförderung. In: Handbuch Lesen. Im Auftrag der Stiftung Lesen und
   der Deutschen Literaturkonferenz. Hrsg. von Bodo Franzmann u. a. München: Saur 1999, S. 471–518,
   hier S. 472.
39 Zitzlsperger: Leseförderung, S. 479.
40 Keller-Loibl: Handbuch Kinder- und Jugendbibliotheksarbeit, S. 99.

Medienverbund. Mit der direkten Leseförderung sind alle Maßnahmen gemeint, die durch pädagogisches Handeln die Lesebereitschaft von Kindern, Jugendlichen und Erwachsenen direkt beeinflussen. Dies können z. B. Zeitungen in der Schule, Buchdiskussionen oder Autorenlesungen sein. Die Vermittlungsförderung beinhaltet Maßnahmen, die sich an Vermittler wie Eltern, Erzieher, Lehrer und Bibliothekare richten und ihnen Informationen und Empfehlungen zur Leseförderung geben. Dabei kann es sich z. B. um Handreichungen, Fortbildungsangebote oder Empfehlungen zu Kinderbüchern handeln. Kampagnenformen[41] der Leseförderung haben das Ziel, Lesen in der Öffentlichkeit bekannt zu machen und zum Lesen zu motivieren. Dies können beispielsweise Buchwochen oder Lesewettbewerbe sein. Leseförderung im Medienverbund schließlich umfasst alle Maßnahmen, die elektronische Medien bewusst mit Printmedien zusammenbringen wollen, um so eine Wechselwirkung zu erzielen.[42] Allgemein hat Leseförderung die folgenden Ziele:

> *Stärkung und [...] Sicherung der Lesemotivation, die Erweiterung der Lesekompetenz und die Vermittlung von Lesefreude und Vertrautheit mit Büchern, die Entwicklung von individuellen Leseinteressen, die Stabilisierung von Lesegewohnheiten und die Prävention von Leseabbrüchen.[43]*

Um diese Ziele erreichen zu können, muss Lesen sowohl innerhalb, als auch außerhalb der Schule gefördert werden, damit alle Kinder, Jugendlichen und Erwachsenen die Chance erhalten, richtig lesen und schreiben zu lernen. Mit Leseförderung kann schon früh begonnen werden. Eltern können gemeinsam mit ihren Kleinkindern Bilderbücher anschauen oder ihnen regelmäßig vorlesen. Auf diese Weise tragen sie dazu bei, dass ihre Kinder zeitnah an Sprache herangeführt werden. Beim Vorlesen kommen Kinder erstmals mit sprachlichen Strukturen und Wortschatz in Berührung.[44] Eltern können ihren Kindern dabei helfen, den Inhalt und die Bedeutung von Texten besser zu verstehen, wenn sie sich mit ihnen darüber unterhalten oder sich von ihnen die Bilder einer Geschichte beschreiben lassen. Das Vorlesen kann z. B.

41　Eine Kampagne ist laut Duden eine »gemeinschaftliche Aktion für oder gegen jemanden« (Kampagne, Campagne, die. In: Homepage des Dudenverlags. 2015. URL: http://www.duden.de/ rechtschreibung/Kampagne [22.12.2015]), im Fall der Leseförderung also eine gemeinschaftliche Aktion, um das Lesen zu fördern.

42　Vgl. Zitzlsperger: Leseförderung, S. 479.

43　Hurrelmann: Leseförderung – eine Daueraufgabe, S. 27.

44　Vgl. Ehmig: Außerschulische Leseförderung, S. 571, 578.

durch das Erzählen von Geschichten oder Sprachspiele erweitert werden.[45] Eine gute Ergänzung bietet das Vorlesen von digitalen Kinderbüchern. Im Gegensatz zu gedruckten Büchern verfügen diese über digitale Extras wie Filme und Animationen, die Geschichte als Hörversion, Musik und Geräusche. Außerdem gibt es häufig Spiele und ein Quiz zur Geschichte sowie Wörterbücher, welche die Kinder anklicken können. Die Animationen tragen dazu bei, dass Kinder den Inhalt eines Buches noch besser verstehen. Hintergrundmusik wird oft eingesetzt, um die Gefühle der handelnden Charaktere in der Geschichte zu betonen. Geräusche können den Sinn eines Wortes verdeutlichen. All das führt dazu, dass die Sprachentwicklung und der Wortschatz von Kindern verbessert werden. Digitale Kinderbücher sollten trotzdem nur in Maßen eingesetzt werden, um die Kinder nicht zu überfordern.[46] Neben dem Vorlesen bieten gemeinsame Besuche von Bibliotheken oder Buchhandlungen eine gute Möglichkeit, um Kinder für Lesemedien zu begeistern.[47] Diese Maßnahmen sind nicht nur bei kleinen Kindern, sondern auch bei jüngeren Schulkindern angebracht.[48] Außerdem sollten Eltern Lesevorbilder für ihre Kinder darstellen. Wenn sie selbst gerne lesen sowie Bücher und andere Lesemedien besitzen, überträgt sich dieses Verhalten häufig auf die Kinder.[49] »Omdat kinderen aanwezig zijn als ouders lezen, er boeken in een boekenkast staan en ouders lid kunnen zijn van een bibliotheek raken zij op een natuurlijke wijze bekend met boeken en met het plezier in lezen.«[50] Eltern können ihre Kinder zudem durch Buchgeschenke zum Lesen motivieren.[51]

Vorschulische Leseförderung sollte aber nicht nur im Elternhaus, sondern auch in Kindertagesstätten und Kindergärten erfolgen. Durch Vorlesen und Erzählen haben die Kinder die Chance, auch dort Gefallen an der Welt

---

45 Vgl. Muratović: Lesen und Familie, S. 388–390.

46 Vgl. Leesmonitor: Voordelen verrijkte kinderboeken.

47 Vgl. Muratović: Lesen und Familie, S. 386.

48 Vgl. Leesmonitor: Voorleestijd. In: Homepage von Leesmonitor (Eine Initiative von Stichting Lezen). 2015. URL: http://www.leesmonitor.nu/voorleestijd [29.12.2015].

49 Vgl. Bertschi-Kaufmann, Andrea: Offene Formen der Leseförderung. In: Lesekompetenz – Leseleistung – Leseförderung. Grundlagen, Modelle und Materialien (Lehren lernen – Basiswissen für die Lehrerinnen- und Lehrerbildung 1). Hrsg. von Andrea Bertschi-Kaufmann. 4. Aufl. Seelze/Zug: Kallmeyer in Verbindung mit Klett; Klett und Balmer 2011, S. 165–175, hier S. 166.

50 »Da Kinder anwesend sind, wenn Eltern lesen, Bücher in einem Bücherschrank stehen und Eltern Mitglied einer Bibliothek sein können, kommen sie auf natürliche Weise mit Büchern und mit Lesefreude in Berührung.« (Übersetzung Sabrina Holitzner). Kraaykamp, Gerbert: Leesbevordering door ouders, bibliotheek en school. Effecten en ontwikkelingen (Stichting Lezen reeks 3). Delft: Eburon 2002. URL: http://www.lezen.nl/sites/default/files/kraaijkamp.pdf [27.12.2015], S. 11.

51 Vgl. ebd., S. 22.

des Lesens zu finden. Zudem können in Kinderbetreuungseinrichtungen auch Bücherkisten, Ausflüge in Bibliotheken, Autorenlesungen und Vorlesenächte zur vorschulischen Leseförderung beitragen.

Es ist dabei eine wichtige Voraussetzung, dass die Lesemedien an die Bedürfnisse und das Alter der Kinder angepasst werden. Mittlerweile werden nicht mehr nur gedruckte Bücher, sondern auch digitale Medien verwendet, um die Sprachfähigkeit von Kindern zu verbessern und sie an das Lesen heranzuführen. So sind der Einsatz von Vorlese-Apps sowie Spiel- und Lernsoftware denkbar.[52] Für Kinder, die von ihren Eltern nicht ans Lesen herangeführt werden, ist Leseförderung in Kinderbetreuungseinrichtungen und Schulen ausschlaggebend.[53] In der Schule wird den Kindern Lesekompetenz vermittelt. Außerdem soll im Unterricht die Freude am Lesen gefördert werden. Damit Leseförderung in der Schule gelingen kann, müssen die Leseinteressen der Schüler miteinbezogen werden und geeignete Texte ausgewählt werden. Vorlesen, Bücherboxen, in denen verschiedene Buchtitel thematisch geordnet sind, und Klassenbüchereien sind sinnvolle Maßnahmen, um die Lesefreude der Schüler zu steigern. Viele Schulen verfügen mittlerweile auch über eigene Schulbibliotheken, aus denen sich Schüler Bücher aussuchen und ausleihen können. Um das Lesen von Schülern zu fördern, sind ferner Klassen- oder Schulzeitungen, das Vorstellen von Lieblingsbüchern in der Klasse, Autorenlesungen, Lesewettbewerbe, Lesenächte und gemeinsame Bibliotheksbesuche hilfreich. Lehrkräfte sollten außerdem in der Lage sein, ihren Schülern altersgerechte Leseempfehlungen zu geben.[54]

Bei Leseanfängern, also insbesondere bei Grundschulkindern, ist es essenziell, dass sie Spaß am Lesen bekommen. Dabei sollten sie das lesen, wofür sie sich am meisten begeistern können, und ihr Lesetempo selbst bestimmen. Es ist unwichtig, ob es sich dabei um kurze oder lange Texte, Comics, Sachbücher, Bücher zu Fernsehserien oder Abenteuerbücher handelt. Was zählt ist, dass Kinder überhaupt lesen.[55] Mit »leichten Lektüren [gelingt] der Einstieg ins kontinuierliche Lesen oft besser.«[56]

Für Kinder und Jugendliche, die nicht gerne alleine lesen oder zu Hause nur schwer Zugang zum Lesen finden, bieten sich außerschulische Lernorte

---

52   Vgl. Ehmig: Außerschulische Leseförderung, S. 581f., 584.
53   Vgl. Bertschi-Kaufmann: Offene Formen der Leseförderung, S. 167.
54   Vgl. Mahling: Lesen und Schule, S. 548f., 551, 553.
55   Vgl. Bertschi-Kaufmann, Andrea: Das Lesen anregen, fördern, begleiten. 2. Aufl. Seelze: Kallmeyer in Verbindung mit Klett 2010, S. 13.
56   Ebd., S. 13.

wie Leseclubs an. Dort treffen sie sich, um gemeinsam zu lesen, zu spielen oder sich kreativ mit einer großen Auswahl an Medien zu beschäftigen. In den Leseclubs sollen Kinder und Jugendliche Freude am Lesen bekommen und zum Lesen motiviert werden. Ebenso kann in Jugendeinrichtungen, wie z. B. Jugendzentren, Lesen gefördert werden. Dort finden primär Lesemedien wie Comics, Zeitschriften und Zeitungen bei den Jugendlichen Verwendung, oftmals auch in Verbindung mit digitalen Medien. Betreuer können versuchen, Jugendliche dafür zu begeistern, Leseecken nach ihrem Geschmack zu gestalten und Poetry-Slams oder andere kreative Schreib- und Leseprojekte zu organisieren.[57]

Besonders wichtig für die Leseförderung sind Bibliotheken. Abgesehen davon, dass sie über ein großes Buch- und Medienangebot verfügen, führen sie auch Maßnahmen zur Leseförderung durch. Dazu zählen beispielsweise Vorleseangebote, Führungen für Kindergartengruppen und Schulklassen, Autorenlesungen und Medienausstellungen.[58] Durch kompetente Beratung, eine gute Erreichbarkeit, benutzerfreundliche Öffnungszeiten, Wohlfühlatmosphäre und ein umfangreiches Angebot an Büchern und anderen Lesemedien erreichen Bibliotheken, dass man sich gerne dort aufhält. Auf diese Weise leisten sie ebenfalls einen Beitrag zur Leseförderung.[59] Darüber hinaus bieten Bibliotheken auch ärmeren Menschen, die weder die finanziellen Mittel für Bücher noch zur Ausleihe haben, die Chance, vor Ort zu lesen.[60]

Der Buchhandel trägt ebenfalls zur Leseförderung bei, da er »mit seinem Sortiment das entsprechende Angebot geeigneter Bücher bereit[stellt].«[61] Buchhändler fördern das Lesen auch dadurch, dass sie ihren Kunden passende Buchempfehlungen geben können und sie so zur Lektüre anregen.[62] Verlage sind ebenfalls Akteure der Leseförderung, da sie Bücher produzieren und ihr Buchangebot z. B. auf Buchmessen oder bei Autorenlesungen präsentieren. Zudem ist ein Großteil ihres Sortiments in Buchhandlungen verfügbar. Preisverleihungen und Bestsellerlisten können die Bekanntheit von Buchtiteln in der Öffentlichkeit steigern. Des Weiteren können öffentliche Werbemaß-

---

57 Vgl. Ehmig: Außerschulische Leseförderung, S. 585, 589.
58 Vgl. ebd., S. 587.
59 Vgl. Bucher: Leseverhalten und Leseförderung, S. 47 und vgl. Buhrfeind u. a.: Leseförderung, S. 475.
60 Vgl. Franken/Graaf: Het belang van lezen, leesbevordering en Stichting Lezen, S. 16.
61 Börsenverein des Deutschen Buchhandels: IG Leseförderung. In: Homepage des Börsenvereins des Deutschen Buchhandels. 2015. URL: http://www.boersenverein.de/de/portal/IG_Lesefoerderung/174247 [21.12.2015].
62 Vgl. Buhrfeind u. a.: Leseförderung, S. 473.

nahmen auf Bücher und das Lesen im Allgemeinen aufmerksam machen.[63] Für den Buchhandel und Verlage ist Leseförderung zusätzlich auch unter ökonomischen Aspekten zu sehen, denn »jeder (zukünftige) Leser ist zugleich auch potenzieller (Buch-)Käufer. [...] Wer heute als Kind nicht ans Lesen herangeführt und begeistert wird, der wird morgen weder Bücher kaufen noch lesen wollen.«[64]

Stiftungen, Vereine und Verbände engagieren sich regional oder überregional ebenso für Leseförderung und unterstützen Aktivitäten oder initiieren selbst Projekte. Auch bereits Lesebegeisterte werden weiter zum Lesen motiviert, indem die einzelnen Organisationen Wettbewerbe ausschreiben oder Kinder und Jugendliche als Jurymitglieder für Preise miteinbeziehen. Zudem erzeugen Preise und Wettbewerbe die Aufmerksamkeit einer großen Öffentlichkeit.[65]

> *Leseförderung bedarf einer breiten Sensibilisierung der Bevölkerung sowie gesellschaftlich und politisch relevanter Akteure. Um Aufmerksamkeit zu wecken, Probleme im Bereich der Lesekompetenz in das öffentliche Bewusstsein zu bringen und eine breite Zustimmung zur Notwendigkeit von Maßnahmen zu schaffen, sind vielfältige Anstrengungen notwendig.*[66]

Um die Gunst der Öffentlichkeit und der Medien zu gewinnen, suchen sich die Institutionen, die das Lesen fördern, häufig Unterstützung von prominenten Botschaftern oder Schirmherren. Auch Events wie Lesefestivals oder große Kampagnen können für ein großes Interesse der Medien sorgen und so dazu beitragen, dass das Lesen von der Bevölkerung verstärkt wahrgenommen wird.[67]

Auch Rundfunk und Fernsehen sowie Zeitungen und Zeitschriften leisten ihren Beitrag zur Leseförderung, indem sie durch Buchbesprechungen bei der Öffentlichkeit die Aufmerksamkeit für Bücher wecken.[68]

Zur Leseförderung gehört es ebenso, für Erwachsene, die Analphabeten oder funktionale Analphabeten sind, Kurse zur Grundbildung und Alphabe-

---

63   Vgl. ebd., S. 493.
64   Bittkow: Lesen, S. 203.
65   Vgl. Ehmig: Außerschulische Leseförderung, S. 590f.
66   Ebd., S. 591.
67   Vgl. ebd., S. 591.
68   Vgl. Hiller, Helmut/Füssel, Stephan: Leseförderung. In: Wörterbuch des Buches. 7., grundlegend überarbeitete Aufl. Frankfurt am Main: Vittorio Klostermann 2006, S. 204.

tisierung anzubieten und der Öffentlichkeit bewusst zu machen, wie wichtig Lesekompetenz auch bei Erwachsenen ist.[69]

> *Laaggeletterdheid is een overkoepelende term voor mensen die grote moeite hebben met lezen en schrijven. Een laaggeletterde is iemand met [...] het niveau waarmee een kind de basisschool hoort te verlaten [...] of lager. Dit houdt in dat een laaggeletterde wel een beetje kan lezen en een beetje kan schrijven [...]. Het zijn dus geen analfabeten, want die kunnen helemaal niet lezen en schrijven [...]. Als laaggeletterde ben je niet in staat gedrukte of geschreven informatie te gebruiken. Je kunt niet volwaardig meedoen in de maatschappij, thuis en op het werk.[70]*

Es ist zudem erforderlich, dass bei Erwachsenen aller Altersstufen, die im Verlauf ihres Lebens die notwendige Lesekompetenz erlangt haben, der Bezug zum Lesen bestehen bleibt. So können begeisterte Leser ihre Leidenschaft, z. B. bei Literaturveranstaltungen oder in Lesezirkeln, mit anderen teilen. Senioren, die nicht mehr in der Lage sind, selbst zu lesen, können sich vorlesen lassen.[71]

Generell können auch digitale Lesegeräte wie E-Reader das Lesen fördern. Für Menschen, die für gedruckte Bücher nicht zu begeistern sind, weil sie diese beispielsweise als zu altmodisch empfinden, stellt ein E-Reader eine gute Alternative dar und sorgt für eine Verbesserung des Lese-Images. Da E-Reader einen neuen Zugang zu Büchern bieten, ist das Lesen von E-Books für manche Menschen interessanter als das Lesen von gedruckten Büchern.[72] Darüber hinaus »sind [E-Books] besonders geeignet, die Schwelle zum Bücherlesen bei lesefernen Jugendlichen zu senken.«[73] Grund dafür ist, dass man bei gedruckten Büchern an der Dicke direkt erkennt, wie viele Seiten sie

---

69   Vgl. Ehmig: Außerschulische Leseförderung, S. 592f.

70   »Funktionaler Analphabetismus ist ein Oberbegriff für Menschen, die große Mühe mit dem Lesen und Schreiben haben. Ein funktionaler Analphabet ist jemand mit einem Sprachniveau, womit ein Kind die Grundschule verlässt oder niedriger. Das beinhaltet, dass ein funktionaler Analphabet schon ein bisschen lesen und schreiben kann. Es sind also keine Analphabeten, denn die können überhaupt nicht lesen und schreiben. Als funktionaler Analphabet ist man nicht in der Lage, gedruckte oder geschriebene Informationen zu nutzen. Man kann nicht vollwertig an der Gesellschaft, zu Hause oder auf der Arbeit teilhaben.« (Übersetzung Sabrina Holitzner). Stichting Lezen & Schrijven: Laaggeletterdheid. In: Homepage der Stichting Lezen & Schrijven. 2015. URL: http://www.lezenenschrijven.nl/feiten/laaggeletterdheid/ [29.12.2015].

71   Vgl. Ehmig: Außerschulische Leseförderung, S. 593.

72   Vgl. Ehmig, Simone C./Reuter, Timo/Menke, Manuel: Das Potential von E-Readern in der Leseförderung. Mainz: Institut für Lese- und Medienforschung der Stiftung Lesen 2011. URL: https://www.stiftunglesen.de/download.php?type=documentpdf&id=562 [28.12.2015], S. 4.

73   Ebd., S. 4.

umfassen, was eine Hemmschwelle für das Lesen bedeuten kann. E-Books scheinen im Gegensatz dazu eher zu bewältigen zu sein. Damit E-Reader bzw. E-Books die Lesemotivation langanhaltend verbessern können, müssen auch die Inhalte eines E-Books für den Leser so überzeugend sein, dass der Nutzer seine anfängliche Begeisterung beibehält. Außerdem müssen sie dafür auf dem aktuellen Stand der Technik sein.[74] Auch Tablets, Smartphones und Laptops können an das Lesen heranführen. Insbesondere Jugendliche und Männer sind aufgrund ihrer Affinität zu digitalen Medien und technischen Neuerungen eher geneigt, auf diesen Geräten zu lesen. Allerdings wird man durch diese während des Leseprozesses leichter abgelenkt oder unterbricht wegen anderer (Online-)Aktivitäten.[75] Daher ist es sinnvoller, das Lesen von gedruckten Büchern und das Lesen auf E-Readern statt auf Tablets, Smartphones und Laptops zu fördern.

Damit Leseförderung erfolgreich ist, müssen »so viele Anlässe wie möglich [geschaffen werden], bei denen Bücher und Lesen im Mittelpunkt gemeinsamer Aktivitäten stehen und die Gelegenheit bieten, sich über Gelesenes auszutauschen.«[76]

Grundsätzlich gilt: Leseförderung ist gelungen, wenn Kinder, Jugendliche und Erwachsene über die notwendige Lesekompetenz verfügen und darüber hinaus motiviert sind, zu lesen, sodass sie auch in ihrer Freizeit öfter zum Buch (print oder digital) greifen. Dies lässt gleichzeitig die Nachfrage nach Büchern steigen.[77] Häufiges Lesen in der Freizeit führt dazu, dass man seinen Wortschatz und die eigene Lesekompetenz verbessert. Das wiederum bewirkt, dass man noch mehr liest und dadurch die eigene Lesekompetenz weiter ausbaut. Es ist also ein ständiger Kreislauf, in dem sich Freizeitlesen und Lesekompetenz gegenseitig bedingen (siehe Abbildung 4).[78]

---

74   Vgl. ebd., S. 4f.
75   Vgl. Bakker, Niels: Digitaal lezen – wie doen het al? Een SMB-dieptestudie naar het profiel van de e-boekenlezer en de leesbeleving van de e-reader, tablet en laptop. In: De aarzelende lezer over de streep. Recente wetenschappelijke inzichten (Stichting Lezen reeks 22). Delft: Eburon 2013. URL: http://www.lezen.nl/sites/default/files/de%20aarzelende%20lezer%20over%20de%20streep.pdf [28.12.2015], S. 349–385, hier S. 375, 377.
76   Vgl. Buhrfeind u. a.: Leseförderung, S. 493.
77   Vgl. Bucher: Leseverhalten und Leseförderung, S. 47, 53.
78   Vgl. Leesmonitor: Vrij lezen. In: Homepage von Leesmonitor (Eine Initiative von Stichting Lezen). 2015. URL: http://www.leesmonitor.nu/vrij-lezen [24.12.2015].

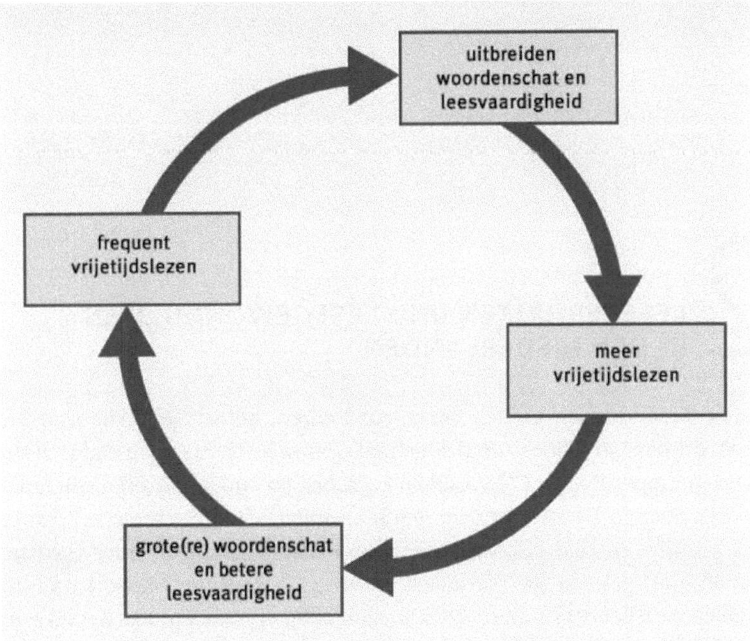

Abb. 4: Kreislauf, in dem sich Freizeitlesen und Lesekompetenz gegenseitig bedingen.[79]

79 Quelle: Leesmonitor: Vrij lezen. In: Homepage von Leesmonitor (Eine Initiative von Stichting Lezen). 2015. URL: http://www.leesmonitor.nu/vrij-lezen [24.12.2015].

2 LESEVERHALTEN UND LESEGEWOHNHEITEN IN DEN NIEDERLANDEN

In den Niederlanden greifen vor allem Frauen, höher Gebildete und Menschen, die über 50 Jahre alt sind, regelmäßig zum Buch. Sie lesen dadurch auch insgesamt mehr Bücher.[80] Menschen zwischen 50 und 59 Jahren sowie Frauen gehören auch in Deutschland zu den kontinuierlichen Buchlesern.[81] Im Jahr 2014 wurden in den Niederlanden durchschnittlich elf Bücher (gedruckt oder digital) gelesen. Im Vergleich zu 2013 (13 gelesene Bücher) und 2012 (15 gelesene Bücher) ist diese Anzahl rückläufig. 47 Prozent der Bevölkerung hat 2014 ein bis fünf Bücher pro Jahr gelesen, 31 Prozent sechs bis 20 Bücher, 15 Prozent mehr als 20 Bücher und sieben Prozent gar keine Bücher. 2014 wurden in den Niederlanden im Durchschnitt fünf Bücher (gedruckt oder digital) pro Person im Jahr gekauft.[82] In Deutschland haben 2014 41 Prozent der Bevölkerung ein bis neun Bücher im Jahr gelesen, 20 Prozent zehn bis 18 Bücher, 22 Prozent mehr als 18 Bücher und 17 Prozent gar keine Bücher. 2014 hat jede Person in Deutschland durchschnittlich 11,3 Bücher gekauft.[83] Das macht deutlich, dass es in Deutschland mehr Menschen gibt, die 2014 generell keine Bücher gelesen haben. Dennoch werden in Deutschland jährlich prinzipiell mehr Bücher als in den Niederlanden erworben.

Betrachtet man die Lesehäufigkeit, dann haben 2014 29 Prozent der Niederländer mindestens dreimal in der Woche (17 Prozent davon sogar täglich) in einem Buch (gedruckt oder digital) gelesen. 41 Prozent haben selten oder nie ein Buch zur Hand genommen.[84] 2008 haben neun Prozent der

---

80   Vgl. Rapportage GfK 36676 Boekenbranche Meting 31, S. 12, 15.
81   Vgl. Buchkäufer und -leser 2015, S. 26–28.
82   Vgl. Rapportage GfK 36676 Boekenbranche Meting 31, S. 15, 28.
83   Vgl. Buchkäufer und -leser 2015, S. 18, 25.
84   Vgl. Rapportage GfK 36676 Boekenbranche Meting 31, S. 12.

Deutschen täglich ein Buch zur Hand genommen, 22 Prozent mehrmals die Woche und 41 Prozent selten oder nie.[85] In Deutschland und den Niederlanden wird also gleich wenig gelesen.

Pro Tag wenden Niederländer durchschnittlich 36 Minuten auf, um Bücher, Zeitungen oder Zeitschriften zu lesen. Das unterscheidet sich je nach Altersgruppe. 10- bis 19-jährige Niederländer lesen zwölf Minuten am Tag, 20- bis 59-Jährige 30 Minuten und über 60-Jährige 68 Minuten. Der europäische Durchschnitt liegt bei 28 Minuten pro Tag. In Deutschland sind es durchschnittlich 37 Minuten, die die Bevölkerung täglich zum Lesen nutzt. Deutsche 10- bis 19-Jährige lesen mehr am Tag (23 Minuten) als die gleichaltrigen Niederländer. Deutsche 20- bis 59-Jährige lesen pro Tag genauso so lange wie Niederländer in diesem Alter. Die über 60-Jährigen in Deutschland wiederum bringen täglich weniger Zeit zum Lesen (59 Minuten) auf.[86]

Niederländische Kinder zwischen sieben und 15 Jahren lesen häufiger als niederländische Erwachsene. Die Lesehäufigkeit nimmt ab, je älter die Kinder werden. 2012 haben 68 Prozent der Siebenjährigen fast täglich in einem Buch gelesen. Von den Elfjährigen haben nur noch 44 Prozent fast täglich zum Buch gegriffen, von den 15-Jährigen 21 Prozent (siehe Abbildung 5). Mädchen lesen generell öfter als Jungen. Im Monat lesen Sieben- und Achtjährige rund drei Bücher. Diese Anzahl nimmt ab, wenn sie älter werden, denn mit 15 Jahren sind es nur noch rund 1,5 Bücher monatlich. Bei niederländischen Kindern im Alter von sieben bis 15 Jahren sind Lesebücher, Comics und Sachbücher am beliebtesten. Dabei bevorzugen sie spannende Bücher, Abenteuer- und Fantasiegeschichten (siehe Abbildung 6). Grundsätzlich lesen niederländische Kinder im Alter von sieben bis 15 Jahren lieber Bücher als Zeitschriften und Zeitungen.[87] Auch in Deutschland bevorzugen Kinder Bücher gegenüber Zeitschriften und Zeitungen.[88] Ebenfalls lesen in Deutschland Mädchen allgemein häufiger als Jungen. 2014 haben zwölf Pro-

---

85 Vgl. Franzmann, Bodo: Selektives Leseverhalten nimmt zu. Lesestudien der Stiftung Lesen im Zeitvergleich. In: Lesen in Deutschland 2008. Eine Studie der Stiftung Lesen. Hrsg. von der Stiftung Lesen. Mainz: Stiftung Lesen 2009, S. 31–38, hier S. 34.

86 Vgl. Cloïn, Mariëlle u. a.: Nederland in een dag. Tijdsbesteding in Nederland vergeleken met die in vijftien andere Europese landen (SCP-publicatie 2011-30). Den Haag: Sociaal en Cultureel Planbureau 2011. URL: http://www.scp.nl/dsresource?objectid=29049&type=org [29.12.2015], S. 91f.

87 Vgl. Huysmans: Van woordjes naar wereldliteratuur, S. 15–17, 23, 25f., 29.

88 Vgl. KIM-Studie 2014, S. 10f.

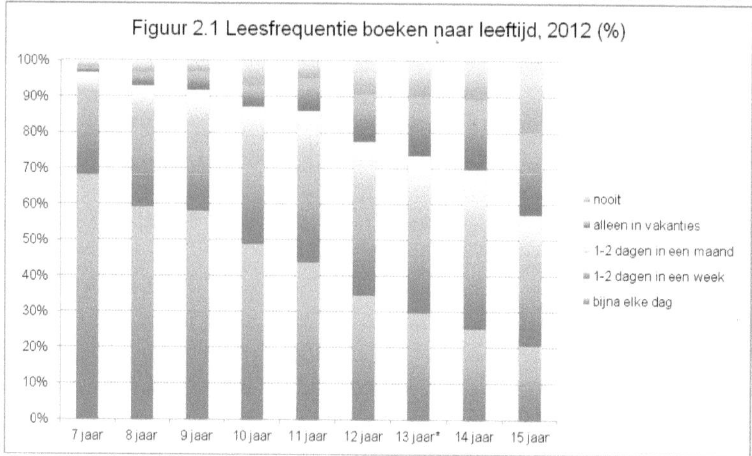

Abb. 5: Lesehäufigkeit bei Kindern zwischen 7 und 15 Jahren in den Niederlanden.[89]

zent der 6- bis 7-jährigen deutschen Kinder fast täglich in einem Buch geschmökert. Von den 10- bis 11-Jährigen haben 17 Prozent fast jeden Tag in einem Buch gelesen, von den 12- bis 13-Jährigen 18 Prozent (siehe Abbildung 7).[90] Deutsche Kinder greifen also täglich deutlich weniger zum Buch als Kinder in den Niederlanden.

Gelesen wird aus den unterschiedlichsten Gründen. 48 Prozent der Niederländer gaben 2014 an, mindestens einmal wöchentlich Bücher zum Vergnügen in ihrer Freizeit gelesen zu haben. 36 Prozent lasen mindestens einmal pro Woche, um sich in eine andere Welt hineinzuträumen, 15 Prozent, um ihr Wissen zu erweitern, 13 Prozent aus Verpflichtung aufgrund von Schule, Studium oder Job und neun Prozent, um bezüglich des Weltgeschehens auf dem aktuellen Stand zu bleiben. Frauen schmökern generell lieber zum Freizeitvergnügen in Büchern als Männer, die eher aus Wissbegierde zum Buch greifen. Die meisten lesen dabei immer noch am liebsten gedruckte Bücher. 2014 gaben 77 Prozent der niederländischen Bevölkerung an, dass sie hauptsächlich gedruckte Bücher lesen (56 Prozent sogar ausschließlich). Nur 14 Prozent bevorzugten E-Books. An Genres favorisieren Niederländer

---

89 Quelle: Huysmans, Frank: Van woordjes naar wereldliteratuur. De leeswereld van kinderen van 7–15 jaar. Amsterdam/Den Haag: Stichting Lezen; Sectorinstituut Openbare Bibliotheken 2013. URL: http://www.lezen.nl/sites/default/files/vanwoordjesnaarwereldliteratuur_0.pdf [29.12.2015], S. 16.
90 Vgl. ebd., S. 26.

	7 jaar	8 jaar	9 jaar	10 jaar	11 jaar	12 jaar	13 jaar[a]	14 jaar	15 jaar	allen	sig[b]
spannende boeken	51	64	69	64	68	67	68	69	65	65	*
meidenboeken	40	29	35	38	39	34	33	33	26	33	
griezelboeken	14	27	30	18	22	22	19	17	14	20	***
romantische boeken	4	5	5	7	8	13	20	28	28	13	***
avonturenboeken	45	59	64	52	49	44	41	38	32	47	***
fantasieboeken	38	48	49	45	44	32	27	23	29	38	***
sprookjesboeken	27	29	17	8	3	8	7	5	3	12	***
humorboeken	23	34	32	40	33	31	28	25	22	29	**
serieuze boeken	1	8	8	9	12	10	19	28	20	13	***
sportboeken	12	16	11	13	14	15	10	5	6	11	**
echt gebeurde verhalen	2	12	8	13	17	17	26	35	27	17	***
oorlogsboeken	1	7	4	10	19	10	16	21	21	12	***
geschiedenisboeken	7	22	12	11	16	15	14	13	13	14	*
dieren-/ natuurboeken	41	54	43	36	25	14	10	6	5	27	***
technische boeken	11	15	15	12	12	11	11	11	9	12	
literatuur voor volwassenen	0	1	1	3	1	4	8	12	13	5	***
anders	3	3	1	3	5	2	2	3	3	3	

a Extrapolatie o.b.v. de waarden voor 12- en 14-jarigen.
b Chi-kwadraat-toets; * p<.05; ** p<.01; *** p<.001

Abb. 6: Lieblingsbuchgenres bei Kindern zwischen 7 und 15 Jahren in den Niederlanden.[91]

spannende Bücher wie Thriller und Krimis, Sachbücher und Belletristik.[92]

Deutsche lasen Bücher 2014 vor allem zur Unterhaltung/Entspannung (79 Prozent), zur Information (66 Prozent), um etwas für die Allgemeinbildung zu tun (58 Prozent), zur Aus- und Weiterbildung (46 Prozent) und um einen Wissensvorsprung zu haben (24 Prozent) (siehe Abbildung 8).[93]

91 Quelle: Tabel 2.5 Lezen van boekengenres naar leeftijd ('Kun jij aangeven wat voor soort boeken jij graag leest in je vrije tijd?', %). In: Huysmans, Frank: Van woordjes naar wereldliteratuur. De leeswereld van kinderen van 7–15 jaar. Amsterdam/Den Haag: Stichting Lezen; Sectorinstituut Openbare Bibliotheken 2013. URL: http://www.lezen.nl/sites/default/files/vanwoordjesnaarwereldliteratuur_o.pdf [29.12.2015], S. 26.
92 Vgl. Rapportage GfK 36676 Boekenbranche Meting 31, S. 13, 17f.
93 Vgl. Buchkäufer und -leser 2015, S. 32.

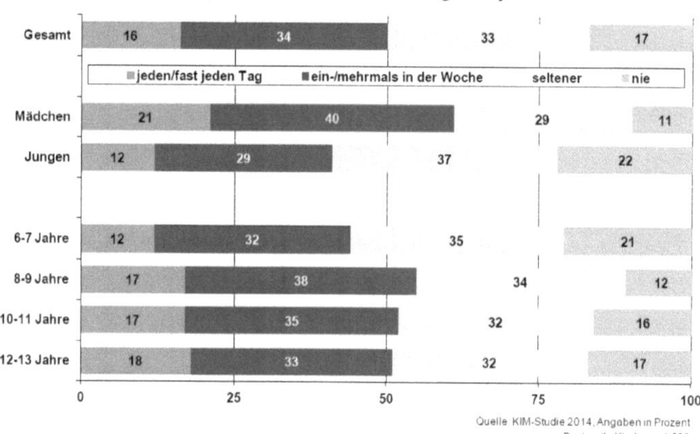

Abb. 7: Lesehäufigkeit bei Kindern zwischen 6 und 13 Jahren in Deutschland.[94]

Die Gründe für das Lesen eines Buches decken sich also weitgehend mit denen der Niederländer. Elf Prozent der Deutschen haben 2014 E-Books eher gewählt als gedruckte Bücher. Hardcover bevorzugten aber 51 Prozent und Taschenbücher 55 Prozent.[95] Gedruckte Bücher sind also auch in Deutschland beliebter als E-Books.

In ihrer Freizeit schauen die Niederländer am liebsten Fernsehen, schreiben und lesen E-Mails, surfen im Internet oder hören Radio. Grundsätzlich lesen die Niederländer lieber Zeitungen statt Bücher und Zeitschriften. 2014 haben 48 Prozent der Bevölkerung mindestens einmal täglich in einer Zeitung gelesen, 23 Prozent in einem Buch und zehn Prozent in einer Zeitschrift. Dies konnten sowohl gedruckte als auch digitale Lesemedien sein. Wenn Niederländer lesen, hören sie oft gleichzeitig Radio (2014: 25 Prozent) oder schauen Fernsehen (2014: 15 Prozent).[96] In Deutschland werden täglich am häufigsten die Medien Fernsehen, Radio und Internet genutzt. Pro Tag wird

---

94   Quelle: KIM-Studie 2014. Kinder + Medien, Computer + Internet. Basisuntersuchung zum Medienumgang 6- bis 13-Jähriger in Deutschland. Hrsg. vom Medienpädagogischen Forschungsverbund Südwest. Stuttgart: Medienpädagogischer Forschungsverbund Südwest 2015. URL: http://www.mpfs.de/fileadmin/KIM-pdf14/KIM14.pdf [17.12.2015], S. 26.
95   Vgl. ebd., S. 23.
96   Vgl. Rapportage GfK 36676 Boekenbranche Meting 31, S. 19f.

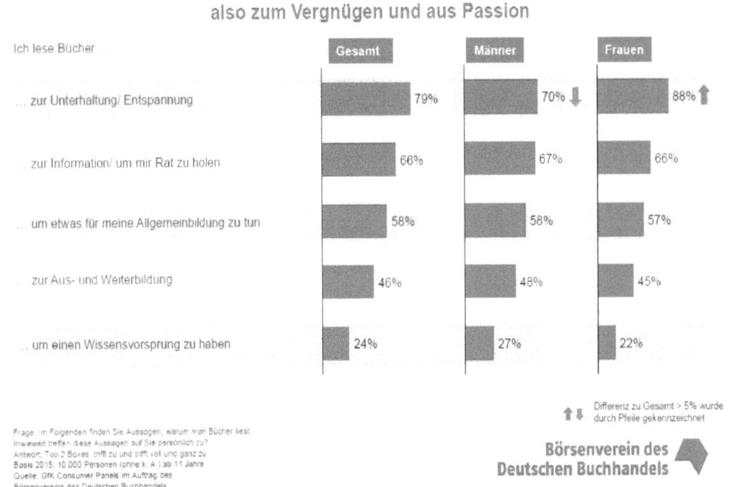

Abb. 8: Gründe zum Lesen in Deutschland.[97]

darüber hinaus öfter in Zeitungen gelesen als in Büchern und Zeitschriften (siehe Abbildung 9).[98] Dies ist ebenso in den Niederlanden der Fall.

Frauen leihen sich in den Niederlanden öfter Bücher aus als Männer. Insgesamt wurden durchschnittlich 16 Bücher im Jahr 2014 aus niederländischen Bibliotheken ausgeliehen. Dabei liehen sich 32 Prozent der Bevölkerung im Jahr ein bis fünf Bücher aus, 28 Prozent sechs bis 20 Bücher und 16 Prozent gar keine. 31 Prozent besuchten mindestens einmal im Monat bis zu jeder Woche eine Bibliothek, um ein Buch auszuleihen, 37 Prozent hingegen selten oder nie. Als Gründe, warum man keine Bibliotheken besucht, wurden u. a. genannt, dass man seine Bücher anderweitig bezieht (2014: 25 Prozent), Lesen generell nicht mag (2014: 18 Prozent) oder keine Zeit für einen Bibliotheksbesuch hat (2014: 14 Prozent).[99]

---

97 Quelle: Buchkäufer und -leser 2015. Profile, Motive, Einstellungen. Pressemappe. Hrsg. vom Börsenverein des Deutschen Buchhandels. Frankfurt am Main: Börsenverein des Deutschen Buchhandels 2015. URL: http://www.boersenverein.de/sixcms/media.php/1117/Buchk%C3%A4ufer_und_leser_2015_Pressemappe.pdf [30.12.2015], S. 32.

98 Vgl. ARD/ZDF-Medienkommission: Mediennutzung. Durchschnittliche Nutzungsdauer der Medien 2014. In: Homepage der ARD/ZDF-Onlinestudie. 2014. URL: http://www.ard-zdf-onlinestudie.de/index.php?id=483 [30.12.2015].

99 Vgl. Rapportage GfK 36676 Boekenbranche Meting 31, S. 39–41.

	Fern-sehen[1]	Hör-funk[2]	Inter-net[3]	Zei-tung[4]	Tonträ-ger[2]	Buch[4]	Zeit-schrift[4]
Gesamt (ab 14 Jahren)	240	192	111	23	27	22	6
14-29 Jahre	128	142	233	10	63	30	4
30-49 Jahre	223	207	135	18	26	15	4
ab 50 Jahren	297	203	46	34	10	23	9

1) AGF in Zusammenarbeit mit GfK, TV Scope: 1. Halbjahr 2014.   3) ARD/ZDF-Onlinestudie 2014.
2) ma 2014/I.   4) Massenkommunikation 2010.

Abb. 9: Durchschnittliche Nutzungsdauer der Medien in Deutschland 2014 in Min/Tag.[100]

Die Gründe für die Nichtnutzung einer Bibliothek sind in Deutschland ähnlich, denn auch Deutsche geben an, dass sie Bücher lieber anderweitig beziehen, keine Zeit haben oder nicht gerne lesen.[101]

Wenn es um das Vorlesen geht, dann lesen Frauen, höher Gebildete und Menschen zwischen 35 und 49 Jahren öfter vor als Männer und geringer Gebildete. 2014 haben 34 Prozent der Eltern in den Niederlanden ihren Kindern mindestens einmal pro Woche bis täglich aus einem Buch vorgelesen, 57 Prozent allerdings weniger oft bis gar nicht. Allgemein wurde 2014 vor allem den eigenen Kindern (34 Prozent), Enkeln (27 Prozent), einem anderen Kind aus der Familie (13 Prozent) oder dem Partner (zwölf Prozent) vorgelesen.[102] Kindern zwischen null und sieben Jahren wird in den Niederlanden am häufigsten vorgelesen. Im Durchschnitt beträgt die Vorlesezeit zwischen fünf und 15 Minuten pro Tag.[103] In Deutschland haben 2013 26 Prozent der Eltern ihren Kindern täglich und 44 Prozent mehrfach in der Woche vorgelesen und nur 14 Prozent selten bis gar nicht.[104] Daran zeigt sich, dass Eltern in Deutschland ihren Kindern weitaus häufiger vorlesen als Eltern in den Niederlanden.

100 Quelle: ARD/ZDF-Medienkommission: Mediennutzung. Durchschnittliche Nutzungsdauer der Medien 2014. In: Homepage der ARD/ZDF-Onlinestudie. 2014. URL: http://www.ard-zdf-onlinestudie. de/index.php?id=483 [30.12.2015].
101 Vgl. Ursachen und Gründe für die Nichtnutzung von Bibliotheken in Deutschland. Repräsentative Telefonbefragung von 1.301 Personen im Alter von 14 bis 75 Jahren. Hrsg. vom Deutschen Bibliotheksverband e. V. und der Stiftung Lesen. Berlin/Mainz: Deutscher Bibliotheksverband e. V. und Institut für Lese- und Medienforschung der Stiftung Lesen 2012. URL: https://www.stiftunglesen.de/ download.php?type=documentpdf&id=632 [30.12.2015], S. 6.
102 Vgl. Rapportage GfK 36676 Boekenbranche Meting 31, S. 21f.
103 Vgl. Leesmonitor: Voorleestijd.
104 Vgl. Vorlesestudie 2013, S. 15.

Grundsätzlich verfügen Niederländer über eine sehr gute Lesekompetenz. Das zeigt sich an den Ergebnissen der PIAAC-Studie, welche die Organisation für wirtschaftliche Zusammenarbeit und Entwicklung (OECD) 2013 durchgeführt hat. In der Studie wurde u. a. die Lesekompetenz bei Erwachsenen zwischen 16 und 65 Jahren aus 24 Ländern und Regionen untersucht. Die Lesekompetenz wurde in sechs Stufen eingeteilt. Weniger als 176 Punkte entsprachen der niedrigsten Stufe, 376 Punkte oder mehr der höchsten. Am besten abgeschnitten haben Japan (296,2 Punkte) und Finnland (287,5 Punkte). Den dritten Platz erreichten die Niederlande mit 284 Punkten.[105] Das macht deutlich, dass die Niederländer eine höhere Lesekompetenz haben als der Durchschnitt der teilnehmenden Länder, denn dieser liegt bei 273 Punkten.[106] Sie schnitten darüber hinaus wesentlich besser ab als die Menschen in Deutschland, die mit 269,8 Punkten im Ländervergleich relativ weit hinten landeten und damit über eine geringere Lesekompetenz verfügen als die Niederländer (siehe Abbildung 10).[107] Man darf allerdings nicht vergessen, dass es immer noch einige Menschen gibt, die nicht richtig lesen und schreiben können. In den Niederlanden sind es 1,3 Millionen funktionale Analphabeten zwischen 16 und 65 Jahren. Das entspricht einem von neun Niederländern. Es handelt sich dabei um 57 Prozent Frauen und 43 Prozent Männer, von denen insgesamt 43 Prozent arbeitslos sind. 65 Prozent der funktionalen Analphabeten sind Einheimische.[108] In Deutschland gibt es bei den 18- bis 64-Jährigen jedoch wesentlich mehr funktionale Analphabeten als in den Niederlanden: 7,5 Millionen, von denen 60,3 Prozent Männer und 39,7 Prozent Frauen sind. 31,9 Prozent der funktionalen Analphabeten in Deutschland sind arbeitslos.[109]

---

105 Vgl. Greiner, Lena: OECD-Bildungsstudie: Jeder sechste deutsche Erwachsene liest wie ein Zehnjähriger. In: Homepage von Spiegel Online. Unispiegel vom 8.10.2013. URL: http://www.spiegel.de/unispiegel/jobundberuf/piaac-studie-erwachsene-in-deutschlandkoennen-schlecht-lesen-a-926653.html [29.12.2015].

106 Vgl. Leesmonitor: Leesprestaties volwassenen. In: Homepage von Leesmonitor (Eine Initiative von Stichting Lezen). 2015. URL: http://www.leesmonitor.nu/leesprestaties-volwassenen [28.12.2015].

107 Vgl. Greiner: OECD-Bildungsstudie: Jeder sechste deutsche Erwachsene liest wie ein Zehnjähriger.

108 Vgl. Feiten & cijfers geletterdheid. Overzicht van de gevolgen van laaggeletterdheid en opbrengsten van investeringen voor samenleving en individu. Hrsg. von der Stichting Lezen & Schrijven in Zusammenarbeit mit der Universität von Maastricht, ECBO, PWC und SEO. Den Haag: Stichting Lezen & Schrijven 2013, S. 8f.

109 Vgl. Grotlüschen, Anke/Riekmann, Wibke: leo. – Level-One Studie. Literalität von Erwachsenen auf den unteren Kompetenzniveaus. Presseheft. Hamburg: Universität Hamburg 2011. URL: http://www.alphabetisierung.de/fileadmin/files/Dateien/Downloads_Texte/leo-Presseheft-web.pdf [29.12.2015], S. 4f., 10.

Lesekompetenz

Land	Punkte
Japan	296,2
Finnland	287,5
Niederlande	284,0
Australien	280,4
Schweden	279,2
Norwegen	278,4
Estland	275,9
Flandern (Belgien)	275,5
Russland	275,2
Dänemark	274,0
Tschechische Republik	274,0
Slowakische Republik	273,8
Kanada	273,5
England (GB)	272,6
Korea	272,6
England/Nordland (GB)	272,5
Deutschland	269,8
USA	269,8
Österreich	269,5
Zypern	268,8
Nordirland (GB)	268,7
Polen	266,9
Irland	266,5
Frankreich	262,1
Spanien	251,8
Italien	250,5

Quelle: OECD

Die Lesekompetenz ist in sechs Stufen eingeteilt: Wer weniger als 176 Punkte erhält, erreicht die niedrigste Stufe, wer 376 Punkte oder mehr erhält, erreicht die höchste Stufe.

Abb. 10: Ergebnisse der PIAAC-Studie 2013 hinsichtlich der Lesekompetenz.[110]

110 Quelle: Greiner, Lena: OECD-Bildungsstudie: Jeder sechste deutsche Erwachsene liest wie ein Zehnjähriger. In: Homepage von Spiegel Online. Unispiegel vom 8.10.2013. URL: http://www. spiegel.de/unispiegel/jobundberuf/piaac-studie-erwachsene-in-deutschlandkoennen-schlecht-lesen-a-926653.html [29.12.2015].

3 DIE STIFTUNGEN »STICHTING LEZEN«,
»STICHTING LEZEN & SCHRIJVEN« UND
»STICHTING COLLECTIEVE PROPAGANDA
VAN HET NEDERLANDSE BOEK«

3.1 Stichting Lezen

3.1.1 Entstehung, Ziele, Organisation und Finanzierung

Der Koninklijke Nederlandse Uitgeversbond (Königliche Niederländische Verlegerverband), der Nederlandse Boekverkopersbond (Niederländische Buchhändlerverband) und das Nederlands Bibliotheek en Lektuur Centrum (Niederländische Bibliotheks- und Lesezentrum), das 2014 in die Koninklijke Bibliotheek (Königliche Bibliothek) aufgenommen worden ist, gründeten 1988 die Stichting Lezen.[111] Zur Gründung trug bei, dass die Menschen in den 1980er Jahren in ihrer Freizeit immer weniger lasen.[112] Daher wurde die Hoffnung auf eine Kooperation auf öffentlich-privater Ebene zwischen Verlegern, Buchhandlungen und Bibliotheken gesetzt.[113] 1994 ernannte das heutige Ministerie van Onderwijs, Cultuur en Wetenschap (Ministerium für Bildung, Kultur und Wissenschaft) die Stichting Lezen zur nationalen Plattform für die Leseförderung.[114] Seitdem verteilt die Stiftung die von der Regierung bereitgestellten »leesbevorderingssubsidies en treedt eveneens op als coördinator, adviseur en toezichthouder van verschillende leesbevorderingsprojecten.«[115] Als die Stiftung 1988 gegründet wurde, hatte sie zum Ziel, die Lesekultur zu stärken. Das sollte sich auf alle Altersgruppen und die gesamte Bevölkerung der Niederlande beziehen.[116] Die Stichting Lezen in ihrer heu-

111 Vgl. Interview 3: Interview per E-Mail mit Frau Desirée van der Zander, Koordinatorin Kommunikation und PR bei der Stichting Lezen, 18. Dezember 2015.
112 Vgl. Franken/Graaf: Het belang van lezen, leesbevordering en Stichting Lezen, S. 67.
113 Vgl. Interview 3.
114 Vgl. Franken/Graaf: Het belang van lezen, leesbevordering en Stichting Lezen, S. 67.
115 »Leseförderungssubventionen und fungiert auch als Koordinator, Berater und Aufsichtsperson von verschiedenen Leseförderungsprojekten.« (Übersetzung Sabrina Holitzner). Ebd., S. 20.
116 Vgl. ebd., S. 30.

tigen Form möchte das Lesen auf Niederländisch und Friesisch[117] fördern. Mittlerweile hat die Stichting Lezen eine klar definierte Zielgruppe: 0- bis 18-Jährige. Dabei geht es der Stiftung vor allem darum, dass Kinder Freude am Lesen entwickeln und mit Geschichten und Gedichten vertraut werden.[118] Um diese Zielgruppe zu erreichen, unterstützt die Stiftung Vermittler wie Eltern, Mitarbeiter von Kindertagesstätten, Lehrer und Bibliothekare dabei,

> *een omgeving te creëren waarin ieder kind en iedere jongere de kans krijgt om het plezier in lezen te ontdekken en een passie te ontwikkelen voor lezen, om boeken te kiezen die aansluiten bij zijn of haar interesse en leesniveau, en om uit te groeien tot een blijvende lezer.*[119]

Da die Stichting Lezen eine Institution für Leseförderung und Literaturerziehung ist, ist es ihr zudem wichtig, die Forschung voranzutreiben und Forschungsergebnisse auch für die Öffentlichkeit zugänglich zu machen. Neue und wesentliche Erkenntnisse zu den Bereichen Leseverhalten, Lesekompetenz und Lesemotivation veröffentlicht die Stiftung auf der Ende 2011 entstandenen Website Leesmonitor.nu.[120] Im Hinblick auf die Forschung pflegt die Stichting Lezen enge Kontakte zu Universitäten und Wissenschaftlern.[121]

Der Vorstand der Stichting Lezen setzt sich aus sieben Mitgliedern zusammen, von denen Frank Elderson der Vorsitzende ist.[122] Insgesamt hat die Stichting Lezen 14 Mitarbeiter. Die Direktorin ist Gerlien van Dalen. Die weiteren Mitarbeiter sind u. a. in den Bereichen PR und Kommunikation, Social Media und Forschung tätig. Zudem gibt es spezielle Projektleiter für die Vorschulzeit, den Grundschulunterricht sowie die weiterführenden

---

117 Die Provinz Friesland in den Niederlanden hat ihre eigene Sprache: Friesisch. Daher werden auch die Projekte der Stiftung in dieser Provinz daran angepasst. Vgl. Interview 3.

118 Vgl. Samen werken aan een sterke leescultuur, S. 9.

119 »eine Umgebung zu schaffen, in der jedes Kind und jeder Jugendliche die Chance bekommt, den Spaß am Lesen zu entdecken und eine Leidenschaft für das Lesen zu entwickeln, um Bücher zu wählen, die an ihr Interesse und ihr Leseniveau anknüpfen, und um sich zu einem dauerhaften Leser zu entwickeln.« (Übersetzung Sabrina Holitzner). Ebd., S. 8f.

120 Vgl. ebd., S. 8, 18.

121 Vgl. Interview 3.

122 Vgl. Stichting Lezen: Bestuur. In: Homepage der Stichting Lezen. 2015. URL: http://www.lezen.nl/ over-stichting-lezen/bestuur [5.1.2016].

Schulen.[123] Außerdem ist ein Hochschullehrer für Leseverhalten der Freien Universität Amsterdam bei der Stiftung angestellt.[124]

Die Stichting Lezen setzt sich nicht nur in den Niederlanden für die Stärkung der Lesekultur ein, sondern auch in Europa. So ist sie Mitglied bei EURead.[125] Das ist ein Netzwerk von europäischen Institutionen, die das Lesen fördern, das 2000 gegründet wurde. Es ist das Ziel von EURead, zur Verbesserung der Lese- und Schreibkompetenz in Europa beizutragen.[126] EURead »fungiert als europäischer Ansprechpartner [...] für Leseförderung und gestaltet die Entwicklung der europäischen Leseförderung durch gezielten Austausch, Programme und politische Empfehlungen auf Grundlage wissenschaftlicher Erkenntnisse mit.«[127] Die Stiftung Lesen in Deutschland ist dort ebenfalls Mitglied und hat 2014 sogar den Vorsitz von EURead übernommen.[128] Neben EURead existiert noch ein weiteres europäisches Netzwerk zur Leseförderung, in dem die Stichting Lezen Mitglied ist: das im Februar 2014 gegründete European Literacy Policy Network (ELINET). Dort haben sich 77 Organisationen aus 28 Ländern (darunter die Niederlande und Deutschland) vereinigt. ELINET hat sich zum Ziel gesetzt, die Lese- und Schreibfähigkeiten in allen Mitgliedsländern zu verbessern, die Anzahl an funktionalen Analphabeten zu reduzieren, die Lesekompetenz zu stärken und das Lesen zu fördern.[129] Das Netzwerk wurde für zwei Jahre von der Europäischen Kommission finanziell unterstützt. Auch die Stiftung Lesen ist Teil von ELINET.[130]

123　Das Schulsystem in den Niederlanden ist etwas anders als in Deutschland. Sobald Kinder in den Niederlanden 5 Jahre alt sind, besteht Schulpflicht. Die meisten werden sogar schon mit 4 Jahren eingeschult. In der Basisschool (= Grundschule) sind Vorschule und Primarstufe vereint. Man besucht sie bis zur 8. Klasse. Nach dem Abschluss können sich die Kinder für das vier Jahre dauernde VMBO (Voorbereidend Middelbaar Beroepsonderwijs = Hauptschule), das fünf Jahre dauernde HAVO (Hoger Algemeen Voortgezet Onderwijs) oder das sechs Jahre dauernde VWO (Voorbereidend Wetenschappelijk Onderwijs) entscheiden. Das HAVO berechtigt sie zu einem Studium an einer Fachhochschule, das VWO hat die Allgemeine Hochschulreife zum Ziel. Vgl. Linthout, Dik: Frau Antje und Herr Mustermann. Niederlande für Deutsche. 6., aktualisierte Aufl. Berlin: Ch. Links 2010, S. 227.

124　Vgl. Interview 3.

125　Vgl. Jaarverslag 2014. Hrsg. von der Stichting Lezen, S. 34.

126　Vgl. Ehmig: Außerschulische Leseförderung, S. 574f.

127　Ebd., S. 575.

128　Vgl. Stiftung Lesen: EUREAD. European Task Force for Literacy and Reading Promotion. In: Homepage der Stiftung Lesen. 2015. URL: https://www.stiftunglesen.de/ueber-uns/internationales/euread [31.12.2015].

129　Vgl. European Literacy Policy Network: About us. In: Homepage von ELINET. 2015. URL: http://www.eli-net.eu/about-us/ [2.1.2016].

130　Vgl. Jaarverslag 2014. Hrsg. von der Stichting Lezen, S. 35.

Die Stichting Lezen wird vom Ministerie van Onderwijs, Cultuur en Wetenschap finanziert und erhält von diesem jährlich 1,85 Millionen Euro. Dieses Budget wird dann sowohl für Verwaltungskosten als auch für Projekte verwendet. Die Stichting Lezen ist dazu verpflichtet, alle vier Jahre einen strategischen Plan einzureichen, aufgrund dessen entschieden wird, ob die Stiftung in den darauffolgenden Jahren wieder Subventionen erhält. Das notwendige Budget für Projekte wird jedes Jahr neu kalkuliert. Die Projekte finanzieren sich durch die Subventionen des Ministeriums und/oder durch andere Organisationen, die sich die Kosten mit der Stichting Lezen teilen. Ab und an werden Projekte auch durch Sponsoring unterstützt.[131] Für das Programm »Kunst van Lezen« (Die Kunst des Lesens), auf das in Kapitel 3.1.3 noch näher eingegangen wird, hat die Stichting Lezen gemeinsam mit der Koninklijke Bibliotheek 2014 weitere 2,85 Millionen Euro vom Ministerie van Onderwijs, Cultuur en Wetenschap erhalten.[132]

Eine Institution, die sich unmittelbar mit der Stichting Lezen vergleichen lässt, ist die Stiftung Lesen in Deutschland. Sie wurde 1988 gegründet und entwickelte sich aus der 1977 entstandenen Deutschen Lesegesellschaft e. V.[133] Auch die Gründung der Stichting Lezen war 1988 erfolgt. Dafür hatte ihr die Stiftung Lesen als Vorbild gedient.[134] Die Ziele der Stichting Lezen und der Stiftung Lesen sind ähnlich. So strebt die Stiftung Lesen an, sowohl bei Kindern als auch bei Erwachsenen die Lese- und Medienkompetenz und die Lesefreude zu fördern. Zur Zielgruppe der Stiftung Lesen gehören neben Kindern auch Vermittler der Leseförderung wie Eltern, Erzieher, Lehrer, Buchhändler und Bibliothekare. In den Niederlanden sind allerdings nur Kinder und Jugendliche unmittelbare Zielgruppe. Vermittler der Leseförderung werden aber unterstützt, um diese zu erreichen. Die Stiftung Lesen treibt ebenfalls die Forschung voran, denn sie verfügt über ein eigenes Institut für Lese- und Medienforschung, zu dessen Aufgaben u. a. wissenschaftliche Untersuchungen zu den Bereichen Leseverhalten und Mediennutzung zählen.[135] Ähnlich wie die Stichting Lezen ist die Stiftung Lesen die nationale Plattform für die Leseförderung in Deutschland, denn sie »gestaltet die ›Leselandschaft Deutschland‹ mit wissenschaftlichen

---

131 Vgl. Interview 3.
132 Vgl. Jaarverslag 2014. Hrsg. von der Stichting Lezen, S. 13.
133 Vgl. Stiftung Lesen: Porträt. Aufgaben und Ziele der Stiftung Lesen. In: Homepage der Stiftung Lesen. 2015. URL: https://www.stiftunglesen.de/ueber-uns/portraet/ [10.1.2016].
134 Vgl. Franken/Graaf: Het belang van lezen, leesbevordering en Stichting Lezen, S. 13.
135 Vgl. Stiftung Lesen: Porträt.

Studien, politischen Empfehlungen und Programmen nachhaltig mit.«[136]

3.1.2 Erfolgreiche Leseförderung

Die Stichting Lezen ist davon überzeugt, dass Leseförderung wichtig ist, da »goede leesvaardigheid [...] onontbeerlijk [is] voor een moderne kennissamenleving, een groeiende economie en een bloeiend cultureel-maatschappelijk leven.«[137] Wenn man liest, wirkt sich das nicht nur positiv auf das kulturelle Zusammenleben aus, sondern auch auf das individuelle Bewusstsein.[138] »Door verhalen en gedichten te lezen kunnen mensen zich ontspannen, genieten van esthetisch taalgebruik, kennis opdoen over de wereld, zich inleven in de personages en een fantasiewereld oproepen.«[139] Wenn man Freude am Lesen hat, liest man mehr und stärkt dadurch seine Lesekompetenz. Als Grund dafür, dass immer weniger Bücher verkauft werden und dass die Anzahl der Bibliotheksmitglieder zurückgeht, nennt die Stichting Lezen, dass sich das Lesen zunehmend in Konkurrenz zu anderen medialen Freizeitbeschäftigungen befindet. Dadurch, dass sich viele Jugendliche lieber mit einem Computer als mit einem Buch beschäftigen und wenig Spaß am Lesen von Büchern haben, erachtet es die Stichting Lezen als sehr wichtig, Leseförderung zu betreiben.[140] Die Stichting Lezen hat acht Faktoren für eine erfolgreiche Leseförderung entwickelt: Buchangebot, unterstützende Rolle von professionellen Leseförderern wie Lehrern, Bibliothekaren und pädagogischen Mitarbeitern, fördernde Rolle von Eltern und Freunden, Zeit und Aufmerksamkeit für das Lesen, indem man sich einen ruhigen Ort und einen ruhigen Moment sucht, Vorlesen, Freies Lesen, Gespräche über Bücher und eine differenzierte Vorgehensweise.[141] Damit Kinder überhaupt mit Büchern vertraut werden, muss genügend Auswahl zum Lesen vorhanden sein. Dabei muss beachtet werden, dass Bücher auf die Interessen und das Leseniveau der Kinder abgestimmt sind. Pädagogische Mitarbeiter in Kindertagesstätten, Lehrer und Bibliothekare müssen Kenntnisse über das Buchangebot für

---

136 Ebd.

137 »eine gute Lesekompetenz unentbehrlich ist für eine moderne Wissensgesellschaft, eine wachsende Wirtschaft und ein blühendes kulturell-soziales Leben.« (Übersetzung Sabrina Holitzner). Interview 3.

138 Vgl. ebd.

139 »Durch das Lesen von Erzählungen und Gedichten können Menschen sich entspannen, ästhetischen Sprachgebrauch genießen, Wissen über die Welt erwerben, sich in die Charaktere hineinversetzen und in eine Fantasiewelt eintauchen.« (Übersetzung Sabrina Holitzner). Ebd.

140 Vgl. ebd.

141 Vgl. Samen werken aan een sterke leescultuur, S. 14–16. Auf diese acht Erfolgsfaktoren hat auch Frau Desirée van der Zander im Interview verwiesen (siehe Interview 3).

Kinder haben und sollten in der Lage sein, Buchtipps zu geben. Dazu sollten sie die Präferenzen und das Leseniveau der Kinder kennen. Ferner sollten sie als Vorbild fungieren, indem sie selbst lesen. Der Einfluss von Eltern und Freunden auf das Leseverhalten von Kindern darf ebenfalls nicht unterschätzt werden. Auch nachdem Kinder Lesen gelernt haben, sollten Eltern das Lesen bei ihnen weiter fördern und ihnen z. B. vorlesen. Kinder können sich gegenseitig zum Lesen motivieren, indem sie sich über gelesene Bücher austauschen. Um das Lesen genießen zu können, sollten Kinder sich beim Lesen nicht von anderen (digitalen) Dingen ablenken lassen und sich einen ruhigen Platz zum Lesen suchen. Lesen kann zudem in den Alltag integriert werden, indem man sich beispielsweise bestimmte Zeiten bzw. Zeiträume für das (Vor)Lesen einrichtet (vor dem Schlafengehen, im Urlaub). Indem man Kindern vorliest, kann man sie mit der Welt der Bücher vertraut machen und sie auf diese Weise schon früh für das Lesen begeistern. Wenn freies Lesen fest in Unterrichtsstunden eingebaut wird, können Lehrer so ebenfalls das Lesen bei ihren Schülern fördern. Dabei sollten die Schüler selbst entscheiden dürfen, welches Buch, welche Zeitschrift oder Zeitung sie lesen möchten. Wenn man Dinge liest, die einen interessieren, trägt dies zu einer positiven Leseerfahrung bei und man ist eher motiviert, ein weiteres Buch zu lesen. Wenn man mit Kindern über Bücher bzw. Gelesenes spricht, wirkt sich das ebenfalls positiv auf ihr zukünftiges Leseverhalten aus. Lehrer können Kinder am besten zum Lesen motivieren, wenn sie ihre Leseinteressen kennen und ihren Unterricht darauf abstimmen. Dabei ist eine differenzierte Vorgehensweise wichtig. Jedes Kind hat einen anderen Grad an Motivation zum Lesen, andere Buchinteressen und Lieblingsgenres sowie eine unterschiedlich stark ausgeprägte Lesekompetenz.[142] All das trägt laut der Stichting Lezen zu einer erfolgreichen Leseförderung bei.

Die Stichting Lezen fördert nicht nur das Lesen von gedruckten, sondern auch von digitalen Büchern. Der Stiftung geht es vor allem darum, dass überhaupt gelesen wird. Dabei ist das Medium zweitrangig. Da Jugendliche eine Affinität zu digitalen Geräten wie Computer, Tablets und Smartphones haben, sieht die Stichting Lezen eine Chance darin, Jugendliche eher zum Lesen von digitalen Büchern zu bewegen. Die Stichting Lezen plädiert allerdings dafür, beim Lesen eher E-Reader zu nutzen, denn durch Computer und Smartphones wird man mehr abgelenkt.[143]

142 Vgl. ebd., S. 14–16.
143 Vgl. ebd., S. 22.

3.1.3 *Kampagnen und Projekte*

Die Stichting Lezen führt jährlich mehrere Projekte und Kampagnen durch.[144] Die Stiftung kann sich auf kein einzelnes Projekt festlegen, das ihr am wichtigsten ist. Es gibt jedoch die sogenannten »vlaggenschipprojecten« (Flaggschiffprojekte), die jedes Jahr auf den Haushaltsplan kommen und zudem am erfolgreichsten sind. Dies sind »De Nationale Voorleesdagen« (die Nationalen Vorlesetage), »De Nationale Voorleeswedstrijd« (der Nationale Vorlesewettbewerb), »De Jonge Jury« (die Junge Jury), »De Weddenschap« (die Wette), »BoekStart« (Buchstart) und »Bibliotheek op school« (Bibliothek in der Schule).[145] Daher wird sich in diesem Kapitel auch auf diese beschränkt. »De Nationale Voorleesdagen« sind ein Gemeinschaftsprojekt zwischen der Stichting Lezen und der Stichting Collectieve Propaganda van het Nederlandse Boek (CPNB)[146], da die Stichting Lezen aufgrund ihrer Größe das Projekt nicht alleine stemmen könnte.[147] Das Projekt ist auf Initiative der Stichting Lezen 2004 entstanden und wird von der Stichting CPNB jährlich durchgeführt.[148] Während des Projekts steht das Vorlesen im Vordergrund, denn Ziel ist »het stimuleren van voorlezen aan kinderen die zelf nog niet kunnen lezen.«[149] Darunter fallen vor allem Kinder im Alter von sechs Monaten bis zu sechs Jahren. Während des Projekts finden verschiedene Vorleseaktionen in Kindertagesstätten, Schulen, Bibliotheken oder Buchhandlungen statt. Auch Eltern sollen darüber informiert werden, wie wichtig das Vorlesen ist. Das Projekt startet jedes Jahr mit dem »Nationale Voorleesontbijt« (Nationalen Vorlesefrühstück). Dafür werden prominente Niederländer gebeten, in Kindertagesstätten, Schulen oder Bibliotheken vorzulesen, um so die Bedeutung des Vorlesens zu unterstreichen. Über das Buch, aus dem beim »Nationale Voorleesontbijt« vorgelesen wird, entscheidet zuvor eine Jury, die aus verschiedenen Bibliothekaren besteht. Sie wählt aus allen Bilderbüchern, die im Jahr zuvor erschienen sind, ein »Prentenboek van het Jaar« (Bilderbuch des Jahres) aus. Daneben benennt die Jury noch neun weitere Bilderbücher, die dann während den »Nationale

---

144 Die Stichting Lezen verwendet die Begriffe »Projekte« und »Kampagnen« synonym (vgl. Interview 3).

145 Vgl. Interview 3.

146 Auf diese Stiftung wird in Kapitel 3.3 ausführlich eingegangen.

147 Vgl. Interview 3.

148 Vgl. Stichting Collectieve Propaganda van het Nederlandse Boek: De Nationale Voorleesdagen. In: Homepage der Stichting CPNB. 2015. URL: http://web.cpnb.nl/campagne.vm?c=168 [6.1.2016].

149 »das Fördern des Vorlesens bei Kindern, die selbst noch nicht lesen können.« (Übersetzung Sabrina Holitzner). Ebd.

Voorleesdagen« im Vordergrund stehen.[150] 2014 wurden durch das Projekt rund 322.280 Kinder erreicht.[151] Die nächsten »Nationale Voorleesdagen« finden vom 27. Januar bis 6. Februar statt. Das »Prentenboek van het Jaar 2016« ist »We hebben er een geitje bij!« (Wir haben eine Ziege dabei) von Marjet Huiberts und Iris Deppe.[152] Das Projekt »De Nationale Voorleeswedstrijd« gibt es schon seit 1993 und findet jedes Jahr statt. Es richtet sich an Schüler der 7. und 8. Klasse (zum Schulsystem der Niederlande siehe Fußnote 123) und soll diese für das Lesen und insbesondere für Kinder- und Jugendliteratur begeistern. Zunächst findet der Wettbewerb an verschiedenen Schulen statt. Die Vorlesesieger der einzelnen Schulen treten dann in regionalen Runden gegeneinander an, die von Bibliotheken organisiert werden. Daraus gehen wieder Gewinner hervor, die daraufhin in ihrer jeweiligen Provinz miteinander konkurrieren. Abgeschlossen wird der Wettbewerb mit einem Finale, bei dem die Vorlesesieger aus den zwölf Provinzen der Niederlande gegeneinander antreten.[153] Der Gewinner des »Nationale Voorleeswedstrijd« wird zum »Nationale Voorleeskampioen« (Nationalen Vorlesesieger) gekürt.[154] Er erhält eine Trophäe und einen Buchgutschein sowie einen Wanderpokal für die Schule. Darüber hinaus darf er sich ein Jahr lang »Kinderdirecteur van het Kinderboekenmuseum in Den Haag« (Kinderdirektor des Kinderbuchmuseums in Den Haag) nennen, an dortigen Veranstaltungen teilnehmen und darauf achten, dass das Museum viele Aktivitäten für Kinder organisiert.[155] Durch das Projekt wird bei den Kindern die Lesekompetenz, das Interesse für Bücher und das Gruppengefühl gestärkt. Im Schuljahr 2013/14 nahmen rund 3.500 Schulen aus den ganzen Niederlanden am Wettbewerb teil. Bei Kindern, die nicht selbst vorlesen möchten, kann das Lesen dadurch gefördert werden, dass sie zuhören, wenn andere Kinder vorlesen.[156] Mehr als 250.000 Kinder haben im Schuljahr 2013/14 selbst vorgele-

150 Vgl. Jaarverslag 2014. Hrsg. von der Stichting Lezen, S. 42 und vgl. Stichting Collectieve Propaganda van het Nederlandse Boek: De Nationale Voorleesdagen.
151 Vgl. Jaarverslag 2014. Hrsg. von der Stichting Lezen, S. 57.
152 Vgl. Stichting Collectieve Propaganda van het Nederlandse Boek: De Nationale Voorleesdagen.
153 Vgl. Montfoort, Agnes van: De Nationale Voorleeswedstrijd: al jaren een voorleesfeest. In: De Nationale Voorleeswedstrijd. ›Voorlezen is samen veel leuker dan alleen‹. Hrsg. von der Stichting Lezen. Amsterdam: Stichting Lezen 2014, S. 3 und vgl. Stichting Lezen: De Nationale Voorleeswedstrijd. In: Homepage der Stichting Lezen. 2015. URL: http://www.lezen.nl/de-nationale-voorleeswedstrijd [6.1.2016].
154 Vgl. Jaarverslag 2014. Hrsg. von der Stichting Lezen, S. 43.
155 Vgl. De Nationale Voorleeswedstrijd. ›Voorlezen is samen veel leuker dan alleen‹. Hrsg. von der Stichting Lezen. Amsterdam: Stichting Lezen 2014, S. 9.
156 Vgl. Montfoort: De Nationale Voorleeswedstrijd: al jaren een voorleesfeest, S. 3.

sen oder zugehört.[157] »De Jonge Jury« richtet sich an alle zwischen 12 und 16 Jahren. Diese Altersgruppe kann für ihre Lieblingsjugendbücher abstimmen, die im Jahr zuvor erschienen sind. Die fünf beliebtesten Bücher haben dann die Chance auf den »Prijs van de Jonge Jury« (Preis der Jungen Jury). Dabei handelt es sich um den einzigen Publikumspreis für Jugendliteratur in den Niederlanden. Dieser wird seit 1998 verliehen und während dem »Dag van de Jonge Jury« (Tag der Jungen Jury) dem Autor des Siegerbuches überreicht. Dieser Tag steht ganz im Zeichen von Jugendliteratur. Neben der Preisverleihung finden dann Workshops, Vorträge, Interviews und Signierstunden mit Autoren statt. Schüler können gemeinsam mit Lehrern daran teilnehmen. Ansonsten besteht für Lehrer die Möglichkeit, den »Dag van de Jonge Jury« mit ihren Schülern in ihrer jeweiligen Schule via Livestream zu verfolgen. Lehrer können zudem zuvor Unterrichtsmaterial zum Projekt anfordern. Ziel des Projekts ist es, bei Jugendlichen den Spaß am Lesen zu fördern und ihnen die Chance zu geben, ihre Meinung über Gelesenes zu äußern. Das Projekt wird von der Stichting Lezen gemeinsam mit Passionate Bulkboek durchgeführt.[158] Das ist eine Organisation, die sich zum Ziel gesetzt hat, Jugendliche für Kultur und Literatur zu begeistern.[159] 2014 wurden für »De Jonge Jury« 13.000 Stimmen abgegeben.[160] »De Weddenschap« soll vor allem bei Schülern des VMBO (vergleichbar mit der deutschen Hauptschule) das Lesen fördern. 2015 feierte das Projekt sein fünfjähriges Bestehen. Jedes Jahr fordern drei bekannte Niederländer die Schüler heraus, innerhalb von sechs Monaten drei Bücher zu lesen. Das Gleiche gilt für sie selbst. Um teilzunehmen, registrieren sich die Schüler und suchen einen der drei Prominenten aus, der dann gleichzeitig als ihr Lesecoach fungiert. Dadurch bekommen die Schüler persönliche E-Mails, in denen sie von ihrem Coach ab und an zum Lesen angespornt werden (z. B. durch ein Video). Die Bücher, die die Schüler lesen, dürfen sie sich selbst aussuchen. So sollen auch Schüler, die nicht so gut lesen können, die Chance erhalten, sich ein Buch auszusuchen, das ihrem Leseniveau entspricht. Neben einzelnen Schülern können auch

---

157 Vgl. Jaarverslag 2014. Hrsg. von der Stichting Lezen, S. 43.

158 Vgl. Passionate Bulkboek: Algemene informatie. Jonge Jury. In: Homepage des Projekts »De Jonge Jury«. 2016. URL: http://www.jongejury.nl/Educatie/Algemeneinformatie.aspx [6.1.2016] und vgl. Persbericht. Jonge Jury is van start! Dag van de Jonge Jury terug in TivoliVredenburg. In: Homepage des Projekts »De Jonge Jury« vom 8.10.2014. URL: http://www.jongejury.nl/Portals/4/JJ/documenten/Persbericht%20Jonge%20Jury%20is%20van%20start.pdf [6.1.2016].

159 Vgl. Passionate Bulkboek: Over Passionate Bulkboek. In: Homepage von Passionate Bulkboek. 2016. URL: http://www.passionatebulkboek.nl/Organisatie/OverPassionateBulkboek.aspx [6.1.2016].

160 Vgl. Jaarverslag 2014. Hrsg. von der Stichting Lezen, S. 58.

ganze Klassen daran teilnehmen. Jeder Schüler, der es geschafft hat, innerhalb des geforderten Zeitraums die drei Bücher zu lesen, erhält eine Urkunde und nimmt automatisch an einer Preisverlosung teil. Klassen können darüber hinaus den Besuch eines Jugendbuchautors in der Schule gewinnen.[161] Die aktuelle »Weddenschap« läuft seit dem 12. Oktober 2015 und dauert noch bis zum 10. April 2016. Die drei prominenten Niederländer sind der Schauspieler Frank Lammers, der Sänger Brownie Dutch und die Bloggerin Teske. Im Schuljahr 2014/15 nahmen 3.500 Schüler an »De Weddenschap« teil.[162] Die Projekte »BoekStart« und »Bibliotheek op school« fallen unter das Programm »Kunst van Lezen«. Dieses wird vom Ministerie van Onderwijs, Cultuur en Wetenschap subventioniert (siehe Kapitel 3.1.1). Das Ministerium hat das Programm 2008 initiiert, da es Leseförderung bei Kindern und Jugendlichen für bedeutend hält. Neben den beiden Projekten beinhaltet »Kunst van Lezen« auch die Organisation von örtlichen und landesweiten Netzwerken. Die Koordination des Programms liegt bei der Stichting Lezen und der Koninklijke Bibliotheek.[163] Das Projekt »BoekStart« startete 2008 in den Niederlanden und hat sich zum Ziel gesetzt, das Lesen schon bei Babys zu fördern, indem Eltern ihrem Kind öfter vorlesen und mit ihm regelmäßig die Bibliothek besuchen sollen. Vorbild dafür war das Projekt »Bookstart« in Großbritannien.[164] Wie »BoekStart« im Detail funktioniert, wird gut an Abbildung 11 deutlich. Sobald ein Baby in den Niederlanden ungefähr drei Monate alt ist, erhalten Eltern einen Brief von der Gemeinde mit einem Gutschein für das »BoekStartkoffertje« (Buchstartköfferchen). Gemeinsam mit ihrem Baby können Eltern dann eine Öffentliche Bibliothek in der Umgebung besuchen und dort den Gutschein einlösen. Das orange »BoekStartkoffertje« beinhaltet zwei Bücher für das Baby. Gleichzeitig wird das Baby kostenlos Mitglied der Bibliothek. Dies berechtigt Eltern dazu, Stoff- und Bilderbücher auszuleihen oder zusammen mit dem Baby vor Ort anzuschauen und vorzulesen. Dafür ist extra eine Ecke mit Büchern für das Baby vorhanden. Zudem geben Bibliothekare Vorlesetipps. Die Bibliotheken in den Niederlanden übernehmen die Reinigung von ausgeliehenen Stoff-

---

161 Vgl. Stichting Lezen: Handleiding. Hoe werkt De Weddenschap? In: Homepage des Projekts »De Weddenschap«. 2015. URL: http://deweddenschap.nl/downloads/SL15002_Handleiding_DeWeddenschap-2015-16_V2.pdf [6.1.2016].

162 Vgl. Terhell, Annemarie: Lezen om geraakt te worden. De Weddenschap. In: Lezen. 10. Jg. (2015) Nr. 2. URL: http://www.lezen.nl/sites/default/files/Lezen2-2015_lr.pdf [6.1.2016], S. 2of.

163 Vgl. Interview 3.

164 Vgl. Kunst van Lezen: Over Boekstart. In: Homepage des Projekts »BoekStart« für Profis. 2016. URL: http://boekstartpro.nl/page/7001/Over+BoekStart [7.1.2016].

Abb. 11: »BoekStart« in den Niederlanden.[165]

165 Quelle: Kunst van Lezen: Baby´s houden van boeken! In: Homepage des Projekts »BoekStart«. 2014. URL: http://bestellijst.boekstart.nl/wp-content/uploads/2014/03/BS-A4-NL-lr.pdf [6.1.2016].

büchern. Darüber hinaus ist die Bibliothek auch ein Treffpunkt für Eltern und ihre Babys.[166] Ein Drittel der Eltern löst den Gutschein für das »Boek-Startkoffertje« auch ein. Mittlerweile haben sich 99 Prozent aller Bibliotheken in den Niederlanden an »BoekStart« beteiligt.[167] 2014 wurden 55.000 Babys Mitglied einer Bibliothek.[168] 2012 wurde das Projekt landesweit auf Kinderta-gesstätten und Kindergärten ausgeweitet.[169] Bibliotheken unterstützen diese dabei, Leseecken einzurichten, geeignete Bücher auszuwählen und anzu-schaffen sowie Vorlesestunden fest in den Tagesablauf zu integrieren. Auch Eltern sollen sich dadurch angesprochen fühlen, ihrem Kind zu Hause vorzu-lesen. Ende 2015 erreichte das Projekt rund 1.000 Kindertagesstätten.[170] Das Projekt »Bibliotheek op school« existiert seit 2009. Dabei arbeiten Gemein-den, Bibliotheken und Schulen zusammen, um das Lesen und die Medien-kompetenz bei Kindern sowohl in der Schule als auch zu Hause zu fördern. Dazu geben Bibliotheken Schulen u. a. Tipps, wie sie ihre Schulbibliotheken optimal aufbauen und einrichten können. Das betrifft z. B. das Buchangebot und die Buchpräsentation. Wenn die Bücher aktuell sind, auf die Interes-sen der Kinder zugeschnitten sind und darüber hinaus ansprechend (Cover der Bücher frontal ausgerichtet) präsentiert werden, erhöht das die Möglich-keit, dass Kinder sie eher lesen und ausleihen wollen.[171] Die Bibliotheken unterstützen die Schulen zudem dabei, das Bibliotheksangebot in den Unter-richt miteinzubeziehen und beraten sie bei weiteren Planungen betreffend einer Schulbibliothek.[172] Bisher wurden durch »Bibliotheek op school« rund 2.400 Grundschulen in den Niederlanden erreicht.[173] Generell sind alle sechs Projekte, auf die näher eingegangen wurde, landesweit ausgerichtet.[174]

Ein Teil der Projekte existiert in nahezu identischer Weise auch in Deutschland. Was in den Niederlanden die »Nationale Voorleesdagen« sind, ist in Deutschland der »Bundesweite Vorlesetag«, der eine gemeinsame Ini-tiative der Stiftung Lesen, der Wochenzeitung DIE ZEIT und der Deutschen

---

166 Vgl. Kunst van Lezen: Baby´s houden van boeken! In: Homepage des Projekts »BoekStart«. 2014.
        URL: http://bestellijst.boekstart.nl/wp-content/uploads/2014/03/BS-A4-NL-lr.pdf [6.1.2016].
167 Vgl. Meer lezen, beter in taal, S. 4.
168 Vgl. Jaarverslag 2014. Hrsg. von der Stichting Lezen, S. 57.
169 Vgl. Kunst van Lezen: Over Boekstart.
170 Vgl. Meer lezen, beter in taal, S. 4.
171 Vgl. ebd., S. 5.
172 Vgl. Samen! De Bibliotheek op school. Hrsg. von Kunst van Lezen. Amsterdam: Kunst van Lezen
        (Stichting Lezen/Koninklijke Bibliotheek) 2015, S. 5.
173 Vgl. Meer lezen, beter in taal, S. 5.
174 Vgl. Interview 3.

Bahn Stiftung ist. Beide sind 2004 entstanden.[175] Genauso wie in den Niederlanden steht beim »Bundesweiten Vorlesetag« in Deutschland das Vorlesen im Vordergrund. »Ziel ist es, Begeisterung für das Lesen und Vorlesen zu wecken und Kinder bereits früh mit dem geschriebenen und erzählten Wort in Kontakt zu bringen.«[176] An diesem Tag, an dem verschiedene Vorleseaktionen in Schulen, Kindergärten, Bibliotheken und Buchhandlungen stattfinden, soll einer breiten Öffentlichkeit deutlich gemacht werden, wie wichtig das Vorlesen ist. Auch viele Prominente beteiligen sich jährlich am »Bundesweiten Vorlesetag« und lesen vor. 2015 gab es deutschlandweit über 110.000 Vorleser, wodurch rund zwei Millionen Menschen erreicht wurden.[177] Auch das niederländische »BoekStart« gibt es mit »Lesestart – Drei Meilensteine für das Lesen« in vergleichbarer Weise in Deutschland. Seit 2011 wird das Projekt in Deutschland bundesweit durchgeführt. Ziel ist es, wie in den Niederlanden, Kinder so früh wie möglich an das Lesen heranzuführen und Eltern zum Vorlesen anzuregen.[178] Allerdings werden in Deutschland keine »BoekStartkoffertjes« überreicht, sondern kostenlose Lesestart-Sets. In den Niederlanden erhalten Eltern einmalig einen Gutschein für das »BoekStartkoffertje«, wenn ihr Kind drei Monate alt ist. In Deutschland bekamen Eltern mit einjährigen Kindern im Zeitraum von November 2011 bis Oktober 2014 das erste Lesestart-Set. Anders als in den Niederlanden wurde dies aber nicht von Bibliotheken, sondern von Kinderarztpraxen ausgegeben. Es beinhaltete Vorlesetipps und ein altersgerechtes Buch für Kinder. In Deutschland erhalten Eltern aktuell ein Lesestart-Set, sobald ihr Kind drei Jahre alt ist. Dies können sie kostenlos in Bibliotheken abholen. Das Set enthält neben Vorlesetipps ein Bilderbuch. Ein weiteres Lesestart-Set wird mit Schulbeginn 2016/17 für Erstklässler eingeführt.[179] In den Niederlanden existiert »De Nationale Voorleeswedstrijd«. In Deutschland handelt es sich dabei um

---

175 Vgl. Stiftung Lesen: Der Bundesweite Vorlesetag. Deutschlands größtes Vorlesefest seit 2004. In: Homepage der Stiftung Lesen. 2015. URL: https://www.stiftunglesen.de/initiativen-und-aktionen/bundesweiter-vorlesetag/ [10.1.2016].

176 Ebd.

177 Vgl. ebd.

178 Vgl. Stiftung Lesen: Lesestart – Drei Meilensteine für das Lesen. Das bundesweite frühkindliche Leseförderprogramm. In: Homepage der Stiftung Lesen. 2015. URL: https://www.stiftunglesen.de/initiativen-und-aktionen/lesestart/ [10.1.2016].

179 Vgl. Stiftung Lesen: Die Lesestart-Sets. In: Homepage der Stiftung Lesen. 2015. URL: http://www.lesestart.de/ueber-lesestart/die-lesestart-sets/ [10.1.2016] und vgl. Stiftung Lesen: Hier erhalten Sie Ihr Lesestart-Set. In: Homepage der Stiftung Lesen. 2015. URL: http://www.lesestart.de/ueber-lesestart/ausgabestellen/ [10.1.2016] sowie vgl. Stiftung Lesen: Set I für Einjährige. Überblick über das gesamte Lesestart-Set I. In: Homepage der Stiftung Lesen. 2015. URL: http://www.lesestart.de/ueber-lesestart/die-lesestart-sets/lesestart-set-1/ [10.1.2016].

den »Vorlesewettbewerb«. Er wird jedoch nicht von der Stiftung Lesen, sondern vom Börsenverein des Deutschen Buchhandels zusammen mit Schulen, Bibliotheken, Buchhandlungen und kulturellen Einrichtungen jährlich durchgeführt. In Deutschland gibt es den Wettbewerb schon seit 1959, in den Niederlanden erst seit 1993. Anders als in den Niederlanden richtet sich der »Vorlesewettbewerb« nicht an Schüler der 7. und 8. Klassen, sondern an Sechstklässler.[180] Schulen spielen dabei wie in den Niederlanden eine wichtige Rolle, »da der Wettbewerb zunächst über Klassenentscheide Schulsieger ermittelt, die dann auf Kreis/Stadt-, Bezirks- und Landesebene bis zum Bundesentscheid gelangen können.«[181] Beim »Vorlesewettbewerb« geht es ähnlich wie in den Niederlanden darum, den Kindern Lesefreude zu vermitteln, sie zum Lesen zu motivieren und sie für neue Bücher zu begeistern.[182] Der Gewinner des »Vorlesewettbewerbs« erhält fast die gleichen Preise wie der Sieger des »Nationale Voorleeswedstrijd«: eine Medaille, einen Buchgutschein und einen Wanderpokal für die Schule. Darüber hinaus gewinnt er für die Schule ein Buchpaket für die Schulbibliothek und den Besuch eines Autors. Außerdem darf er im darauffolgenden »Vorlesewettbewerb« in der Jury sitzen.[183]

3.2 Stichting Lezen & Schrijven

3.2.1 Entstehung, Ziele, Organisation und Finanzierung

Auf Initiative von Prinzessin Laurentien der Niederlande wurde die Stichting Lezen & Schrijven am 16. Dezember 2003 offiziell gegründet.[184] Ein essenzielles Ziel, das sich die Stiftung gesetzt hatte, war »het taboe rondom ongeletterdheid te doorbreken.«[185] Um dieses Ziel zu erreichen, wollte die Stiftung mit der Regierung, Unternehmen und sozialen Behörden zusammenarbeiten. Dazu sollten Kenntnisse ausgetauscht werden, um so Projekte und Kampagnen zu entwickeln. Gleichzeitig wollte die Stiftung Unternehmen, soziale

180 Vgl. Ehmig: Außerschulische Leseförderung, S. 586.
181 Ebd., S. 586f.
182 Vgl. Börsenverein des Deutschen Buchhandels: Warum vorlesen? In: Homepage des »Vorlesewettbewerbs«. 2016. URL: http://www.vorlesewettbewerb.de/wettbewerb/ziele.html [10.1.2016].
183 Vgl. Börsenverein des Deutschen Buchhandels: Regeln. So funktioniert der Wettbewerb. In: Homepage des »Vorlesewettbewerbs«. 2016. URL: http://www.vorlesewettbewerb.de/wettbewerb/regeln.html [10.1.2016].
184 Vgl. Jaarverslag 2004. Hrsg. von der Stichting Lezen & Schrijven. Den Haag: Stichting Lezen & Schrijven 2004. URL: http://www.lezenenschrijven.nl/uploads/editor/Jaarverslag_Stichting_Lezen__Schrijven_2004.pdf [1.1.2016], S. 9.
185 »das Tabu rund um den Analphabetismus zu durchbrechen.« (Übersetzung Sabrina Holitzner). Ebd., S. 10.

Behörden und die Öffentlichkeit im Allgemeinen auf die Existenz von Analphabetismus und funktionalem Analphabetismus aufmerksam machen.[186]
Bei Gründung der Stichting Lezen & Schrijven gab es in den Niederlanden
noch 1,5 Millionen funktionale Analphabeten (in Kapitel 2 wurde ersichtlich, dass sich diese Anzahl mittlerweile auf 1,3 Millionen funktionale Analphabeten reduziert hat). Dieses Problem wollte die Stiftung ebenfalls angehen. Die Auftaktveranstaltung der Stichting Lezen & Schrijven fand unter
Anwesenheit von Prinzessin Laurentien der Niederlande am 27. Mai 2004
in Den Haag statt. Es nahmen insgesamt rund 150 Gründungsmitglieder,
Partner und Sponsoren an der Veranstaltung teil. Durch deren inhaltliche
Anregungen und finanzielle Unterstützung war eine Gründung der Stichting
Lezen & Schrijven erst möglich geworden. Der Start der Stiftung zog eine
große Aufmerksamkeit der Medien auf sich. Positive Medienberichterstattungen in Zeitungen, im Radio und im Fernsehen trugen dazu bei, dass bei
einer breiten Öffentlichkeit das Interesse für die Stiftung und ihre Aktivitäten
geweckt wurde.[187]

An den ursprünglichen Zielen hat die Stichting Lezen & Schrijven bis
heute festgehalten, denn die

*Stichting Lezen & Schrijven zet zich in om laaggeletterdheid te
helpen voorkomen en verminderen, door het onderwerp publiekelijk
te bespreken, de krachten te bundelen tussen overheid, bedrijfsleven
en maatschappelijke organisaties en projecten te starten. [...] Door
samen te werken met de overheid, het bedrijfsleven en zorg- en welzijnsinstellingen, [streeft Stichting Lezen & Schrijven] [...] ernaar dat
alle Nederlanders kunnen (leren) lezen, zodat ze maatschappelijk
volwaardig kunnen functioneren in onze geletterde samenleving.*[188]

---

186 Vgl. Prinses Laurentien geeft startsein Stichting Lezen & Schrijven te Den Haag. In: Homepage von
     Het Koninklijk Huis vom 27.5.2004. URL: http://www.koninklijkhuis.nl/actueel/nieuws/2004/05/27/
     prinses-laurentien-geeft-startsein-stichting-lezen-schrijven-te-den-haag [2.1.2016].
187 Vgl. Jaarverslag 2004, S. 9–11, 14.
188 »Die Stichting Lezen & Schrijven setzt sich ein, um funktionalen Analphabetismus zu verhindern
     und zu reduzieren, indem sie es zu einem öffentlichen Thema macht, die Kräfte zwischen
     Regierung, Unternehmen und sozialen Organisationen bündelt und Projekte startet. Durch die
     Zusammenarbeit mit der Regierung, Unternehmen und Pflege- und Sozialeinrichtungen strebt
     die Stichting Lezen & Schrijven danach, dass alle Niederländer lesen (lernen) können, sodass sie
     in unserer Bildungsgesellschaft sozial vollwertig funktionieren können.« (Übersetzung Sabrina
     Holitzner). Stichting Lezen: Prikkels. In: Lezen. 9. Jg. (2014) Nr. 4. URL:
     http://www.lezen.nl/sites/default/files/Lezen4-2014_lr.pdf [19.11.2015], S. 18f., hier S. 19.

Ziel ist es außerdem, dass so viele Menschen wie möglich rechnen können und in der Lage sind, mit einem Computer zu arbeiten.[189]

Bis Januar 2014 war Prinzessin Laurentien der Niederlande gleichzeitig auch Vorsitzende der Stiftung. Diesen ehrenamtlichen Posten übertrug sie an Marja van Bijsterveldt.[190] Allerdings blieb Prinzessin Laurentien der Niederlande der Stiftung als Ehrenvorsitzende erhalten.[191] Die Stichting Lezen & Schrijven hatte 2014 56 Mitarbeiter und ist seit 1. Januar 2015 wie folgt organisiert: Sie hat einen geschäftsführenden Vorstand, dessen Leitung die Direktorin Merel Heimens Visser innehat, einen ehrenamtlichen Aufsichtsrat und eine Beratergruppe, das sogenannte »Forum AtotZ« (Forum A bis Z). Merel Heimens Visser ist in ihrer Funktion auch für das Formulieren eines Strategieplans und die Durchführung der Ziele zuständig. Das »Forum AtotZ« besteht aus 26 unabhängigen Mitgliedern, die die Stiftung beraten und als Botschafter tätig sind. Bei ihnen handelt es sich um prominente Niederländer, für deren Beruf es enorm wichtig ist, lesen und schreiben zu können. Dazu gehören u. a. der Sänger Frans Bauer, der Fernsehmoderator, Sänger und Schauspieler Paul de Leeuw, der Kinderbuchautor Paul van Loon und der Violinist André Rieu.[192]

Die Stichting Lezen & Schrijven engagiert sich nicht nur in den Niederlanden für Leseförderung, sondern auch in ganz Europa. Bereits 2012 war Prinzessin Laurentien der Niederlande der Ansicht, dass es ein europäisches Netzwerk geben sollte, das sich für die Verringerung von funktionalem Analphabetismus einsetzt.[193] Im Februar 2014 wurde ein solches Netzwerk gegründet: ELINET.[194] Die Stichting Lezen & Schrijven war eine der ersten Institutionen, die ELINET beigetreten ist.[195] Auf ELINET wurde bereits ausführlicher in Kapitel 3.1.1 eingegangen. Darüber hinaus setzt sich die Stichting Lezen & Schrijven für das im Januar 2014 gestartete Projekt »Public Libraries 2020« ein, das sie eigens von ihrer Niederlassung in Brüssel betreibt. Das europäische Projekt will auf die Wichtigkeit der Existenz und Nutzung von öffentlichen Bibliotheken aufmerksam machen, da diese nicht nur ein Ort sind, an dem Bücher ausgeliehen werden können, sondern ein Treff-

---

189 Vgl. Jaarverslag 2014. Hrsg. von der Stichting Lezen & Schrijven, S. 4.
190 Vgl. ebd., S. 90.
191 Vgl. Stichting Lezen & Schrijven: Over ons. In: Homepage der Stichting Lezen & Schrijven. 2015. URL: http://www.lezenenschrijven.nl/over-ons [2.1.2016].
192 Vgl. Jaarverslag 2014. Hrsg. von der Stichting Lezen & Schrijven, S. 83, 91f.
193 Vgl. ebd., S. 44.
194 Vgl. European Literacy Policy Network: About us.
195 Vgl. Jaarverslag 2014. Hrsg. von der Stichting Lezen & Schrijven, S. 44.

punkt, um seine Fähigkeiten weiterzuentwickeln, sich auszutauschen, zu lernen und Ideen zu sammeln.[196] Um dieses Ziel zu erreichen, haben sich bei »Public Libraries 2020« verschiedene Bibliotheksorganisationen der EU und ähnliche Institutionen vereint.[197]

Die Stichting Lezen & Schrijven finanziert sich durch öffentliche und private Gelder. Letztere stammen insbesondere von Unternehmen, die die Stiftung durch finanzielle Fördermittel oder Dienstleistungen unterstützen. Den größten finanziellen Beitrag bei den öffentlichen Geldern leistet das Ministerie van Onderwijs, Cultuur en Wetenschap (Ministerium für Bildung, Kultur und Wissenschaft). 2014 hat es die Stichting Lezen & Schrijven mit insgesamt 8.279.763 Euro (5.477.555 Euro für das Projekt »Taal voor het Leven« [Sprache für das Leben] und 2.802.208 Euro für Aktivitäten der Stiftung in den Niederlanden) gefördert. An öffentlichen und privaten Geldern hat die Stiftung 2014 insgesamt 9.845.013 Euro erhalten. Davon wurden 2014 5.477.555 Euro für das Projekt »Taal vor het Leven«, 249.399 Euro für das Projekt »Taal voor Thuis« (Sprache für zu Hause), 98.225 Euro für Sprachförderung bei Frauen und 25.421 Euro für das Projekt »Leeslicht« (Leseleicht) ausgegeben. Weitere 2.802.208 Euro gingen an Aktivitäten der Stiftung in den Niederlanden wie z. B. die »Nationale Bellijn« (Nationale Hotline) und die »Week van de Alfabetisering« (Woche der Alphabetisierung), 503.539 Euro an Aktivitäten der Stiftung in Europa wie beispielsweise ELINET und Public Libraries 2020, 288.212 Euro an diverse andere Aktivitäten und 290.217 Euro an Präventionsaktivitäten.[198]

Eine vergleichbare Institution in Deutschland ist der Bundesverband Alphabetisierung und Grundbildung e. V., dessen Gründung 1984 als »Schreibwerkstatt für neue Leser und Schreiber e. V.« erfolgte. 1997 schloss sich diese dann mit der Bundesarbeitsgemeinschaft Alphabetisierung e. V. zum Bundesverband Alphabetisierung e. V. zusammen und wurde 2006 umbenannt. Der Bundesverband Alphabetisierung und Grundbildung e. V. verfolgt ähnliche Ziele wie die Stichting Lezen & Schrijven. Er möchte das Lesen und Schreiben bei Erwachsenen fördern, (funktionale) Analphabeten zur Nutzung von Kursangeboten motivieren, beraten und stärken, bestehende Kursangebote optimieren, Personen und Institutionen, die sich für Analphabetismus einsetzen, unterstützen, Lobbyarbeit leisten sowie

---

196 Vgl. ebd., S. 37.
197 Vgl. Stichting Lezen & Schrijven: About us. In: Homepage von Public Libraries 2020. 2014. URL: http://www.publiclibraries2020.eu/content/about-us [2.1.2016].
198 Vgl. Jaarverslag 2014. Hrsg. von der Stichting Lezen & Schrijven, S. 17f., 56.

eine breite Öffentlichkeit über funktionalen Analphabetismus aufklären.[199]

3.2.2 Erfolgreiche Leseförderung

Die Stichting Lezen & Schrijven ist davon überzeugt, dass Kinder größere Chancen haben, gut lesen und schreiben zu können, wenn sie bereits in ihrem Elternhaus mit Sprache und Lesen von Büchern in Berührung gekommen sind. Die Stiftung erachtet es außerdem als sehr wichtig, dass Eltern erkennen, dass sie ihre Kinder in Bezug auf das Lesen und Schreiben fördern müssen, z. B. durch Vorlesen. Damit sie später allerdings in der Lage sind, ihren Kindern vorzulesen, müssen sie auch selbst über die notwendige Lesekompetenz verfügen. Zudem befähigt Lesen und Schreiben zur Teilhabe an der Gesellschaft. Daher setzt sich die Stichting Lezen & Schrijven dafür ein, funktionalen Analphabetismus so gut wie möglich zu verhindern.[200] Damit man erkennt, wie essenziell es ist, das Lesen und die Sprache bei Kindern zu fördern, hat die Stichting Lezen & Schrijven ein Video in Auftrag gegeben: Het leven van Lisa, in dem animierte Figuren die Wichtigkeit von Leseförderung unterstreichen.[201] Die Hauptperson des Videos ist Lisa, die zu Hause in einer spracharmen Umgebung aufwächst, denn ihre Eltern lesen weder Bücher noch Zeitungen und unterhalten sich wenig mit ihr. Obwohl Lisa regelmäßig in eine Kindertagesstätte geht und es dort ein Projekt zur Sprachförderung gibt, werden ihre Kompetenzen nicht besser, da die Erzieherinnen selbst nicht gut lesen und schreiben können. Als sie schließlich in die Grundschule kommt, hat sie Schwierigkeiten, Lesen und Schreiben zu lernen. Die Lehrerin erkennt dies, weiß jedoch nicht, wie sie ihr helfen soll. Das führt dazu, dass Lisa im Unterricht nicht mehr mitkommt, sodass sie aufgrund mangelnder Lesekompetenz in der 7. Klasse sitzenbleibt. Ihre Eltern sehen dies nicht als Problem an, da Lisa andere Dinge wie Basteln und Zeichnen gut kann. Lisa mogelt sich durch die Schule und entscheidet sich dann dafür, eine Ausbildung als Altenpflegerin zu beginnen, da ihre Lesekompetenz dazu halbwegs ausreicht. Doch um sich nach der Ausbildung zu bewerben, ist sie auf die Hilfe von Freunden angewiesen, denn sie ist nicht in der Lage,

---

199 Vgl. Bundesverband Alphabetisierung und Grundbildung e. V.: Seit 30 Jahren bundesweit aktiv. In: Homepage des Bundesverbands Alphabetisierung und Grundbildung e. V. 2014. URL: http://www. alphabetisierung.de/verband/der-verein.html [4.1.2016].

200 Vgl. Interview 1: Interview per E-Mail mit Herrn Luke Iseger, Kommunikationsberater bei der Stichting Lezen & Schrijven, 4. Dezember 2015.

201 Siehe Het leven van Lisa – Stichting Lezen en Schrijven. Im Auftrag der Stichting Lezen & Schrijven. Konzipiert und produziert von in6oseconds. Musik und Voice-Over von De Geluiderij. Oktober 2011. Gesamtlänge: 2:30 min. URL: https://www.youtube.com/watch?v=vW7qAw5lNXA [2.1.2016].

ihre Bewerbung zu schreiben, Formulare auszufüllen oder Briefe, die sie erhält, zu verstehen. Auch auf der Arbeit benötigt sie die Unterstützung ihrer Kollegen. Durch diesen Stress ist Lisa häufiger krank. Schließlich heiratet sie und bekommt eine Tochter namens Marieke. Lisa und ihr Mann sprechen wenig mit ihr und lesen selbst keine Bücher oder Zeitungen. Danach folgt ein Aufruf an die Zuschauer: »Aan ons de keuze. Laten we het verhaal van Marieke herschrijven. Samen.«[202] Das verdeutlicht, wie wichtig es ist, dass Leseförderung bereits im Elternhaus und in der Familie einsetzt. Aber auch Kindertagesstätten und Schulen sollten zur Leseförderung ihren Beitrag leisten. Leseförderung ist nicht die Aufgabe eines Akteurs, sondern die vieler. Damit sich die Probleme mit dem Lesen und Schreiben bei Kindern wie Marieke nicht wiederholen, sollte man schon früh etwas daran ändern, wenn man erkennt, dass ein Kind oder ein Erwachsener funktionaler Analphabet ist. Institutionen wie die Stichting Lezen & Schrijven machen auf solche Probleme aufmerksam und zeigen auf, was man dagegen tun kann. Die Stichting Lezen & Schrijven hält Lesen generell für bedeutsam und macht dabei keinen Unterschied zwischen digitalen und gedruckten Büchern. Um digitale Texte lesen zu können, möchte die Stiftung auch fördern, dass Menschen ihre Computerfertigkeiten ausbauen.[203] Damit Leseförderung erfolgreich ist, braucht es zufolge der Stichting Lezen & Schrijven »een omgeving waar je veel in aanraking komt met taal. Dus zowel op school als thuis.«[204]

3.2.3 Kampagnen und Projekte

Um ihre Ziele zu erreichen und das Lesen zu fördern, führt die Stichting Lezen & Schrijven in den Niederlanden einige Projekte und Kampagnen durch. Speziell für Schüler gibt es die »Boekestafettes« (Buchstaffeln). Die »Boekestafettes« werden von der Stiftung zusammen mit Schulen organisiert und sollen das Lesen und Schreiben bei Grundschülern fördern. Dazu schreiben verschiedene Grundschulklassen selbst an einer Geschichte, wobei jeweils eine Klasse ein Kapitel beisteuert.[205] Dass dabei sogar Bücher entstehen können, die bei einem Verlag veröffentlicht werden, zeigt sich an einem Beispiel von 2014. Rund 1.000 Schüler aus verschiedenen Grundschu-

202 »Wir haben die Wahl. Lasst uns die Geschichte von Marieke umschreiben. Gemeinsam.« (Übersetzung Sabrina Holitzner). Ebd., hier 2:09 min–2:16 min.
203 Vgl. Interview 1.
204 »Eine Umgebung, in der man viel mit Sprache in Berührung kommt, also sowohl in der Schule als auch zu Hause.« (Übersetzung Sabrina Holitzner). Ebd.
205 Vgl. Stichting Lezen & Schrijven: Boekestafettes. In: Homepage der Stichting Lezen & Schrijven. 2015. URL: http://www.lezenenschrijven.nl/voorkomen/boekestafettes [31.12.2015].

len der niederländischen Provinz Groningen schrieben gemeinsam an drei Geschichten über den niederländischen Fußballer Arjen Robben.[206] Tipps bekamen die Schüler beim Schreiben von dem Autor Fred Diks.[207] Dies führte zur Publikation der Kinderbücher »Arjen Robben en de finale van de Champions League« (Arjen Robben und das Finale der Champions League), »Arjen Robben en het magische schot in Rio« (Arjen Robben und der magische Schuss in Rio) und »Arjen Robben en het geheim van zijn jonge helden« (Arjen Robben und das Geheimnis seiner jungen Helden) beim Verlag Kluitman. Dabei fungierte der Autor Fred Diks als Herausgeber.[208] In allen drei Teilen befindet sich zudem ein Interview mit Arjen Robben zum jeweiligen Thema.[209] Die Verkaufszahlen sprechen für den Erfolg der Buchreihe, denn es wurden mehr als 65.000 Exemplare verkauft.[210] Diese besondere »Boekestafette« kam durch die Zusammenarbeit der Stichting Lezen & Schrijven, dem Verlag Kluitman und dem FC Groningen mit dem Ziel zustande, Kinder für das Lesen und Schreiben zu begeistern, wenn sie über einen beliebten Fußballer schreiben.[211] Arjen Robben selbst engagierte sich als Botschafter für die Stichting Lezen & Schrijven und machte in den Medien auf die Wichtigkeit der Alphabetisierung aufmerksam.[212]

Der Schwerpunkt der Stichting Lezen & Schrijven liegt jedoch auf Projekten und Kampagnen, die auf die Existenz von funktionalem Analphabetismus aufmerksam machen sollen und das Lesen und Schreiben fördern. Das Projekt »Taal Werkt!« (Sprache funktioniert) soll Arbeitgebern bewusst machen, dass es in ihren Betrieben sicherlich auch funktionale Analphabeten gibt. Wenn diese das Problem in ihren Betrieben angehen wollen, können sie sich zur Beratung an die Stichting Lezen & Schrijven wenden.[213] Ende 2014 startete die Kampagne »Taal maakt Gezonder« (Sprache macht

---

206 Vgl. Stichting Lezen & Schrijven: Arjen Robben – Trilogie. In: Homepage der Stichting Lezen & Schrijven. 2015. URL: http://www.lezenenschrijven.nl/voorkomen/boekestafettes/arjen-robben-trilogie [2.1.2016].

207 Vgl. FC Groningen: Boekestafette. Arjen Robben en het geheim van zijn jonge helden. In: Homepage des FC Groningen. 2015. URL: http://www.fcgroningen.nl/home/boekestafette/ [2.1.2016].

208 Vgl. Stichting Lezen & Schrijven: Arjen Robben – Trilogie.

209 Vgl. Uitgeverij Kluitman Alkmaar BV: Arjen Robben en de finale van de Champions League. In: Homepage des Verlags Kluitman. 2015. URL: http://www.kluitman.nl/shop/arjen-robben-en-de-finale-van-de-champions-league/ [2.1.2016].

210 Vgl. Jaarverslag 2014. Hrsg. von der Stichting Lezen & Schrijven, S. 45.

211 Vgl. FC Groningen: Boekestafette.

212 Vgl. Jaarverslag 2014. Hrsg. von der Stichting Lezen & Schrijven, S. 45.

213 Vgl. Stichting Lezen & Schrijven: Taal op de werkvloer. In: Homepage der Stichting Lezen & Schrijven. 2015. URL: http://www.lezenenschrijven.nl/hulp-bij-scholing/taal-werkt [3.1.2016].

gesünder). Sie richtet sich vor allem an Gesundheitseinrichtungen wie z. B. Hausarzt-, Physiotherapie- und Zahnarztpraxen.[214] Die Chance, krank zu werden, ist bei funktionalen Analphabeten viel größer als bei Menschen, die gut lesen und schreiben können. Funktionale Analphabeten verfügen über keine ausreichende Gesundheitskompetenz, die nötig ist, um Informationen über Krankheiten und Gesundheit im Allgemeinen zu verstehen.[215] Daher ist es wichtig, dass Ärzte und andere im Gesundheitswesen tätige Personen in der Lage sind, funktionale Analphabeten zu erkennen und diese dann in Gesprächen zu beraten. Dabei unterstützt sie die Stichting Lezen & Schrijven mit Informationen und Tipps.[216] Darüber hinaus stellt ihnen die Stiftung Broschüren und Poster zur Verfügung, die sie in ihrem Wartezimmer auslegen bzw. aufhängen können, um so die Patienten und Betroffene auf das Problem aufmerksam zu machen (siehe Abbildung 12).[217] Dabei kommen gleichzeitig die Kampagne »Moeite met lezen ofzo?« (Schwierigkeiten mit Lesen oder so?) und die »Nationale Bellijn« (Nationale Hotline) zum Einsatz. Im Plakat werden funktionale Analphabeten dazu aufgerufen, bei Problemen

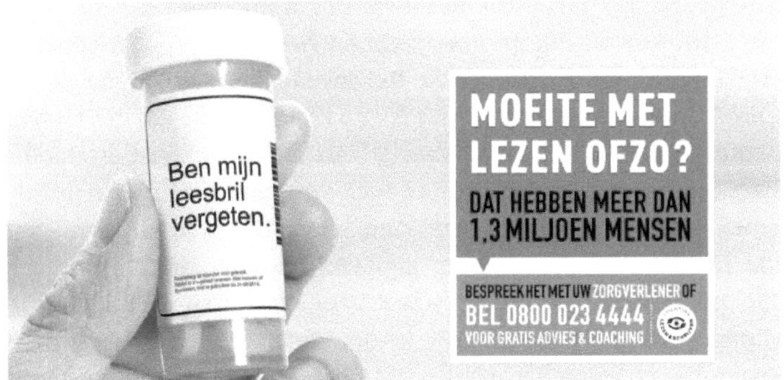

Abb. 12: »Taal maakt Gezonder«. Plakat mit Hinweis auf die Kampagne »Moeite met lezen ofzo?« und die »Nationale Bellijn« der Stichting Lezen & Schrijven.[218]

214 Vgl. Jaarverslag 2014. Hrsg. von der Stichting Lezen & Schrijven, S. 49.
215 Vgl. Feiten & cijfers geletterdheid, S. 25.
216 Vgl. Jaarverslag 2014. Hrsg. von der Stichting Lezen & Schrijven, S. 49.
217 Vgl. Stichting Lezen & Schrijven: Laaggeletterdheid en gezondheid. In: Homepage der Stichting Lezen & Schrijven. 2015. URL: http://www.lezenenschrijven.nl/hulp-bij-scholing/laaggeletterd-heid-en-gezondheid [4.1.2015].
218 Quelle: Homepage der Stichting Lezen & Schrijven: http://www.lezenenschrijven.nl/uploads/editor/Taal_maakt_gezonder_ledscherm.jpg?v=1434018241212 [11.1.2016].

mit dem Lesen und Schreiben mit ihrem Arzt zu sprechen oder die »Nationale Bellijn« anzurufen, um von der Stichting Lezen & Schrijven kostenlos beraten zu werden. Darüber hinaus helfen die Mitarbeiter der Hotline funktionalen Analphabeten auch bei der Suche nach einem geeigneten Kurs, um Lesen und Schreiben zu lernen. Die »Nationale Bellijn« kann man auch dann anrufen, wenn man einen funktionalen Analphabeten in seinem Bekanntenkreis hat und wissen möchte, wie man diesem am besten helfen kann.[219] Seit Anfang 2015 berät die Hotline zusätzlich Menschen, die Probleme mit dem Rechnen oder mangelnde Fähigkeiten im Umgang mit Computern haben.[220] Die Kampagne »Moeite met lezen ofzo?« richtet sich an eine breite Öffentlichkeit und soll Menschen darauf hinweisen, »dat voor veel Nederlanders lezen en schrijven niet iets vanzelfsprekends is. [...] Dus de campagne is ook een oproep om eens om je heen te kijken of je iemand kent en diegene te helpen naar een cursus.«[221] Zwecks Beratung verweist die Kampagne auf die »Nationale Bellijn«. Dass Menschen mit dem Lesen und Schreiben Probleme haben, zeigt sich u. a. daran, dass sie nicht fähig sind, Formulare richtig auszufüllen oder die Abfahrtzeiten eines Busses zu lesen. Aufgrund der positiven Resultate der Kampagne, die die Stichting Lezen & Schrijven als Pilotprojekt gestartet hat, hat man sich entschieden, diese weiterzuführen.[222] Die große Reichweite der Kampagne zeigt sich daran, dass »Moeite met lezen ofzo?« 2014 92.550 Besuche auf der Homepage der Stichting Lezen & Schrijven hatte.[223] An dieser Stelle ist es erwähnenswert, dass die Homepage der Stiftung auch von funktionalen Analphabeten größtenteils ohne Probleme besucht und verstanden werden kann, da man sich alle Texte per Klick von einer digitalen Stimme vorlesen lassen kann.

Ende 2012 wurde das Projekt »Taal voor het Leven« (Sprache für das Leben) ins Leben gerufen.[224] Dieses ist der Stichting Lezen & Schrijven am wichtigsten.[225]

---

219 Vgl. Stichting Lezen & Schrijven: Nationale Bellijn Lezen & Schrijven. In: Homepage der Stichting Lezen & Schrijven. 2015. URL: http://www.lezenenschrijven.nl/hulp-bij-scholing/nationale-bellijn-lezen-schrijven/ [4.1.2015].
220 Vgl. Jaarverslag 2014. Hrsg. von der Stichting Lezen & Schrijven, S. 24.
221 »dass für viele Niederländer Lesen und Schreiben nichts Selbstverständliches ist. Daher ist die Kampagne auch ein Aufruf, sich einmal umzuschauen, ob man jemanden kennt und dem- oder derjenigen bei der Findung eines Kurses zu helfen.« (Übersetzung Sabrina Holitzner). Interview 1.
222 Vgl. ebd.
223 Vgl. Jaarverslag 2014. Hrsg. von der Stichting Lezen & Schrijven, S. 20.
224 Vgl. ebd., S. 9.
225 Vgl. Interview 1.

Das Projekt soll Gemeinden und Organisationen dabei unterstützen, funktionale Analphabeten zu erreichen und zu schulen. Um Betroffenen beim Lesen, Schreiben, Rechnen und Umgang mit einem Computer zu helfen, werden die jeweiligen Kurse an ihre Bedürfnisse angepasst. Dabei ist sowohl Gruppen- als auch Einzelunterricht möglich. Neben Lehrern werden die Kurse auch von sogenannten Taalvrijwilligers (Freiwillige, die sich für Sprache einsetzen) geleitet. Das sind Menschen, die sich für die Stichting Lezen & Schrijven ehrenamtlich engagieren. Sie werden von der Stiftung kostenlos geschult, um u. a. Lese- und Schreibunterricht zu geben. Für die Kurse stellt die Stiftung kostenlose Unterrichtsmaterialien zur Verfügung. Sie legt viel Wert darauf, dass die Kurse in der Umgebung von Betroffenen angeboten werden.[226] »Taal voor het Leven« gibt es bereits in sechs Regionen in den Niederlanden: Zwolle/Ijssel-Vechtstreek & Twente, Amsterdam, Utrecht, Almere/Flevoland, Den Haag/Haaglanden und Rotterdam/Rijnmond (siehe Abbildung 13).[227] Auf der Abbildung ist ferner zu erkennen, wie viele Partnerorganisationen (partners), Kursteilnehmer (cursisten) und Taalvrijwilligers sich 2014 in der jeweiligen Region eingesetzt haben. Bis Ende 2014 konnten durch die Zusammenarbeit von insgesamt 461 örtlichen Partnern und 3.714 Taalvrijwilligers 10.337 Menschen davon überzeugt werden, einen Kurs zu besuchen, um ihre Lese- und Schreibprobleme in Angriff zu nehmen.[228] Aufgrund des Erfolgs der örtlichen Kurse will die niederländische Regierung das Projekt 2016 auf weitere Gemeinden ausweiten. Ziel des Projekts ist es, dass jeder in den Niederlanden Niederländisch sprechen, schreiben und lesen sowie rechnen und mit einem Computer umgehen kann, um an der Gesellschaft teilzuhaben.[229] Neben den Kursen können funktionale Analphabeten auch »Taalhuizen« (Sprachhäuser) oder »Taalpunten« (Sprachpunkte) besuchen. Dort bekommt man Informationen zu geeigneten Kursen oder kann seine Computerfertigkeiten ausbauen. Ebenso werden Taalvrijwilligers dort beraten. »Taalhuizen« sind häufig in Bibliotheken, Krankenhäuser oder andere Gemeindeeinrichtungen integriert.[230] Ende

---

226 Vgl. Stichting Lezen & Schrijven: Over Taal voor het Leven. In: Homepage des Projekts »Taal voor het Leven«. 2016. URL: https://taalvoorhetleven.nl/over-taal-voor-het-leven/het-programma/ [4.1.2016].
227 Vgl. Jaarverslag 2014. Hrsg. von der Stichting Lezen & Schrijven, S. 13.
228 Vgl. Slim samenwerken loont. Een greep uit de resultaten van Taal voor het Leven na twee jaar in de regio. 2013 en 2014. Hrsg. von der Stichting Lezen & Schrijven. Den Haag: Stichting Lezen & Schrijven 2015, S. 1.
229 Vgl. Stichting Lezen & Schrijven: Over Taal voor het Leven.
230 Vgl. Stichting Lezen & Schrijven: Taalhuis. In Homepage des Projekts »Taal voor het Leven«. 2016. URL: https://taalvoorhetleven.nl/taalvrijwilliger/ondersteuning/taalhuis [4.1.2016].

Abb. 13: Regionen in den Niederlanden, in denen es bereits das Projekt »Taal voor het Leven« gibt.[231]

Dezember 2014 gab es 65 »Taalhuizen« in den Niederlanden und weitere 34 waren in Planung (siehe Abbildung 14).[232] Mit Hilfe des kostenlosen online zugänglichen »Taalzoeker« (Sprachsucher) kann man nach Eingabe eines Wohnortes passende Kurse, Institutionen und »Taalhuizen« in der Umgebung finden. Aber auch die Suche nach einem geeigneten Einbürgerungskurs ist mit diesem Tool möglich.[233] Damit Gemeinden und Institutionen, wie z. B. Gesundheitseinrichtungen und Arbeitsämter, testen können, ob Menschen Lese- und Schreibschwierigkeiten haben, hat die Stichting Lezen & Schrijven zusammen mit Experten das Online-Tool »Taalmeter« (Sprachmesser)

231 Quelle: Jaarverslag 2014. Hrsg. von der Stichting Lezen & Schrijven. Den Haag: Stichting Lezen & Schrijven 2015. URL: http://www.lezenenschrijven.nl/uploads/editor/jaarverslag_2014.pdf [1.1.2016].
232 Vgl. Jaarverslag 2014. Hrsg. von der Stichting Lezen & Schrijven, S. 11.
233 Vgl. Stichting Lezen & Schrijven: Taalzoeker. In: Homepage der Stichting Lezen & Schrijven. 2015. URL: http://www.lezenenschrijven.nl/hulp-bij-scholing/taalzoeker/ [3.1.2016].

Abb. 14: Übersicht der »Taalhuizen« und »Taalpunten« in den Niederlanden.[234]

entwickelt. Dabei gibt es mehrere Leseaufträge und Fragen, die die zu testenden Personen beantworten müssen.[235] Ähnlich funktioniert auch der »Taalverkenner« (Spracherkunder) der Stiftung, bei dem Unternehmen und Gesundheitseinrichtungen innerhalb von drei Minuten feststellen können, ob jemand Probleme mit dem Lesen und Schreiben hat. Dazu muss die Testperson einen kleinen Text und dazugehörige Fragen lesen und schriftlich auf Papier beantworten.[236] In »Taal voor het Leven« ist auch das Projekt »Taal voor Thuis« (Sprache für zu Hause) integriert. Zielgruppe des Projekts sind

234 Quelle: Jaarverslag 2014. Hrsg. von der Stichting Lezen & Schrijven. Den Haag: Stichting Lezen & Schrijven 2015. URL: http://www.lezenenschrijven.nl/uploads/editor/jaarverslag_2014.pdf [1.1.2016].
235 Vgl. Stichting Lezen & Schrijven: Taalmeter. In: Homepage der Stichting Lezen & Schrijven. 2015. URL: http://www.lezenenschrijven.nl/hulp-bij-scholing/taalmeter/ [3.1.2016].
236 Vgl. Stichting Lezen & Schrijven: Taalverkenner. In: Homepage der Stichting Lezen & Schrijven. 2015. URL: http://www.lezenenschrijven.nl/hulp-bij-scholing/taalverkenner/ [3.1.2016].

Eltern und insbesondere Mütter, die lernen sollen, wie sie zur Sprachförderung ihrer 2- bis 12- jährigen Kinder beitragen können. Darüber hinaus erhalten Eltern auch Übungsmaterialien, um ihre eigenen Fertigkeiten zu verbessern. Es gibt dabei sowohl Kurse für Eltern mit Kindern im Alter von zwei bis sechs Jahren und sechs bis zwölf Jahren. Ein solcher Kurs dauert ein halbes Jahr. Dabei erhalten die Eltern kostenlose Unterrichtsmaterialien, die auf die Themen, die ihre Kinder betreffen, abgestimmt sind.[237]

In Kooperation mit dem Verlag Eenvoudig Communiceren hat die Stichting Lezen & Schrijven die Buchreihe »Leeslicht« (Leseleicht) ins Leben gerufen. Dabei werden schon vorhandene Bücher in ein einfacheres Niederländisch übertragen. Das soll dazu führen, dass auch Erwachsene, die Schwierigkeiten mit dem Lesen haben, zu einem Buch greifen und ihren Spaß am Lesen entdecken, wodurch sie ihre Lesekompetenz verbessern können.[238] Darunter fallen u. a. die niederländische Version von »Der Vorleser« (Bernhard Schlink) und eine Biografie über Anne Frank.[239] 2009 gewann »Leeslicht« einen »Nationale Alfabetiseringsprijs« (Nationalen Alphabetisierungspreis).[240] Dieser Preis wird jährlich während der »Week van de Alfabetisering« (Woche der Alphabetisierung) an Personen oder Organisationen verliehen, die sich für die Alphabetisierung einsetzen.[241] Die »Week van de Alfabetisering« gibt es schon seit 2005.[242] Sie findet jedes Jahr rund um den Welttag der Alphabetisierung statt, der jährlich am 8. September ist. Es nehmen immer mehr Menschen und Institutionen daran teil und organisieren verschiedene Aktivitäten, um in den ganzen Niederlanden auf das Problem des funktionalen Analphabetismus aufmerksam zu machen und Menschen zu motivieren, selbst aktiv zu werden in der Leseförderung. 2014 waren es

---

237 Vgl. Stichting Lezen & Schrijven: Taal voor thuis. In Homepage des Projekts »Taal voor het Leven«. 2013. URL: https://taalvoorhetleven.nl/nieuws/taal-voor-thuis [4.1.2016].

238 Vgl. Stichting Lezen & Schrijven: Leeslicht. In: Homepage der Stichting Lezen & Schrijven. 2015. URL: http://www.lezenenschrijven.nl/voorkomen/leeslicht/ [4.1.2015].

239 Vgl. Zoekresultaten voor ‹Leeslicht›. In: Homepage des Verlags Eenvoudig Communiceren. 2015. URL: http://www.eenvoudigcommuniceren.nl/catalogsearch/result/index/?p=1&q=Leeslicht [4.1.2016].

240 Vgl. Uitgeverij Eenvoudig Communiceren: Over ons. In: Homepage des Verlags Eenvoudig Communiceren. 2015. URL: http://www.eenvoudigcommuniceren.nl/over-ons [4.1.2016].

241 Vgl. Stichting Lezen & Schrijven: Week van de Alfabetisering. In: Homepage der Stichting Lezen & Schrijven. 2015. URL: http://www.lezenenschrijven.nl/campagnes/week-van-de-alfabetisering [4.1.2016].

242 Vgl. Cijfers en Letters 2005. Stichting Lezen & Schrijven. Hrsg. von der Stichting Lezen & Schrijven. Den Haag: Stichting Lezen & Schrijven 2006. URL: http://www.lezenenschrijven.nl/uploads/editor/ Cijfers_en_Letters_2005_%28def%29.pdf [4.1.2016], S. 14.

ca. 1.600 Organisationen, die rund 4.000 Aktivitäten veranstalteten.[243] 2015 waren es sogar 5.623 Aktivitäten.[244] Dabei handelte es sich z. B. um Gedichtwettbewerbe, Filmabende, ein Vorlesebingo und Vorlesestunden.[245] Dieses Projekt ist das erfolgreichste der Stichting Lezen & Schrijven.[246]

Einen Teil der Projekte und Kampagnen gibt es auch in vergleichbarer Weise in Deutschland. Der Bundesverband Alphabetisierung und Grundbildung e. V. bietet keine »Nationale Bellijn« an, aber das »ALFA-TELEFON«, das Betroffene und Angehörige kostenlos anrufen können, um beraten zu werden. Mitarbeiter des »ALFA-Telefons« unterstützen sie zudem bei der Suche nach Alphabetisierungskursen.[247] Was in den Niederlanden der »Taalzoeker« ist, nennt sich in Deutschland »Kurssuche«. Nach Eingabe eines Wohnortes erhält man Informationen darüber, wo in der Umgebung Lese- und Schreibkurse angeboten werden.[248] Eine ähnliche Buchreihe wie »Leeslicht« wird auch in Deutschland herausgeben, da der Bundesverband Alphabetisierung und Grundbildung e. V. Partner des Spaß am Lesen Verlags ist.[249] Dieser wandelt schon bestehende Bücher in ein einfacheres und verständlicheres Deutsch um, um so Menschen, denen das Lesen eher schwerfällt, zu erreichen. Vorbild dieses Projekts ist das niederländische Pendant, denn der Verlag Eenvoudig Communiceren ist das Mutterunternehmen des deutschen Spaß am Lesen Verlags. Manchmal werden auch Bücher aus dem niederländischen Verlag ins Deutsche übersetzt.[250] Für die Lese- und Schreibkurse bietet der Bundesverband Alphabetisierung und Grundbildung e. V. wie die

---

243 Vgl. Jaarverslag 2014. Hrsg. von der Stichting Lezen & Schrijven, S. 47.

244 Vgl. Tolk- en Vertaalcentrum Nederland: De Week van de Alfabetisering is begonnen. In: Homepage des Tolk- en Vertaalcentrum Nederland vom 8.9.2015. URL: http://www.tvcn.nl/nl/blog/2015/9/8/de-week-van-de-alfabetisering-is-begonnen/ [4.1.2016].

245 Vgl. Tijd voor Taal. Doe ook mee aan de Week van de Alfabetisering. In: Homepage von de Koninklijke Bibliotheek vom 11.8.2015. URL: https://www.kb.nl/ob/nieuws/2015/tijd-voor-taal [4.1.2016].

246 Vgl. Interview 1.

247 Vgl. Bundesverband Alphabetisierung und Grundbildung e. V.: ALFA-TELEFON. In: Homepage des Bundesverbands Alphabetisierung und Grundbildung e. V. 2015. URL: http://www.alphabetisierung.de/kampagne/alfa-telefon.html [4.1.2016].

248 Vgl. Kurssuche. In: Homepage des Bundesverbands Alphabetisierung und Grundbildung e. V. 2015. URL: http://www.alphabetisierung.de/service/kurssuche.html [4.1.2016].

249 Vgl. Spaß am Lesen Verlag GmbH: Partner. In: Homepage des Spaß am Lesen Verlags. 2016. URL: http://www.spassamlesenverlag.de/cms/website.php?id=/de/index/derverlag/partner.htm [4.1.2016].

250 Vgl. Spaß am Lesen Verlag GmbH: Wie entstehen Bücher in Einfacher Sprache? In: Homepage des Spaß am Lesen Verlags. 2016. URL: http://www.spassamlesenverlag.de/cms/website.php?id=/einfachebuecher/entstehung.htm [4.1.2016].

Stichting Lezen & Schrijven Unterrichtsmaterialien an.[251] Die niederländische Kampagne »Moeite met lezen ofzo?« will die Öffentlichkeit für das Problem des funktionalen Analphabetismus sensibilisieren. Das hat auch das Projekt »ALFA-Mobil« des Bundesverbands Alphabetisierung und Grundbildung e. V. zum Ziel. Dieses fährt zu verschiedensten Orten in Deutschland, um eine breite Öffentlichkeit über die Existenz von funktionalem Analphabetismus zu informieren, um für Lese- und Schreibkurse zu werben und Betroffene zu beraten. Im Gegensatz zur niederländischen Kampagne, die auf eine telefonische Beratung verweist, können sich Betroffene und Interessierte beim ALFA-Mobil-Team vor Ort persönlich beraten lassen.[252] Das Projekt wird noch bis Ende 2018 laufen.[253]

3.3 Stichting Collectieve Propaganda van het Nederlandse Boek

3.3.1 Entstehung, Ziele, Organisation und Finanzierung

Die Stichting Collectieve Propaganda van het Nederlandse Boek (CPNB) hat ihre Ursprünge in der Commissie voor Propaganda van het Nederlandse Boek. Dabei handelte es sich um eine Gesellschaft aus Verlegern und Buchhändlern, die 1930 gegründet wurde.[254] »De radio die in die tijd opgang maakte, werd als een mogelijk ›bedreiging‹ van het lezen gezien.«[255] Daher wollte die Commissie voor Propaganda van het Nederlandse Boek das Lesen fördern.[256] 1930 veranstaltete sie einen »Dag van het Boek« (Tag des Buches). Dieser sollte den Buchverkauf ankurbeln. Stammkunden bekamen an diesem Tag ein Buchgeschenk überreicht.[257] 1932 entstand daraus die »Boekenweek« (Buchwoche). 1955 kam die »Kinderboekenweek« (Kinderbuchwoche)

251 Vgl. Bundesverband Alphabetisierung und Grundbildung e. V.: Unterrichtsmaterialien. In: Homepage des Bundesverbands Alphabetisierung und Grundbildung e. V. 2015. URL: http://www.alphabetisierung.de/service/downloads/unterricht.html [4.1.2016].

252 Vgl. Bundesverband Alphabetisierung und Grundbildung e. V.: Aufsuchende Beratung am ALFA-Mobil. In: Homepage des Bundesverbands Alphabetisierung und Grundbildung e. V. 2015. URL: http://www.alphabetisierung.de/projekte.html [4.1.2016].

253 Vgl. Werner, Julia: ALFA-Mobil geht in die Verlängerung. In: Homepage des Bundesverbands Alphabetisierung und Grundbildung e. V. vom 16.12.2015. URL: http://www.alphabetisierung.de/aktuelles/news/news-anzeigen/article/1108.html [4.1.2016].

254 Vgl. Stichting Collectieve Propaganda van het Nederlandse Boek: Over CPNB. In: Homepage der Stichting CPNB. 2015. URL: http://web.cpnb.nl/index.vm [8.1.2016].

255 »Das Radio, das in dieser Zeit im Kommen war, wurde als eine mögliche Bedrohung des Lesens gesehen.« (Übersetzung Sabrina Holitzner). Interview 2: Interview per E-Mail mit Frau Esther Scholten, Programmleiterin bei der Stichting Collectieve Propaganda van het Nederlandse Boek, 17. Dezember 2015.

256 Vgl. ebd.

257 Vgl. Metz, Karlien: Geschiedenis van de Boekenweek. In: Homepage von IsGeschiedenis vom 14.3.2012. URL: http://www.isgeschiedenis.nl/nieuws/geschiedenis_van_de_boekenweek/ [8.1.2016].

als Kampagne hinzu. Beide Kampagnen bestehen bis heute.[258] In Kapitel 3.3.3 wird darauf näher eingegangen. 1983 entschieden sich die Dachverbände der Verleger und Buchhändler (der heutige Koninklijke Boekverkoperbond [Königliche Buchhändlerverband] und die Groep Algemene Uitgevers [Gruppe Allgemeiner Verleger] des Nederlands Uitgeversverbond [Niederländischen Verlegerverbands]) dazu, die Commissie voor Propaganda van het Nederlandse Boek in eine Stiftung umzuwandeln.[259] Die Stichting CPNB hat sich seitdem zum Ziel gesetzt, »het lezen van boeken en het boekenbezit te stimuleren.«[260] Allerdings ist dies auf Bücher beschränkt, die bei einem niederländischen Verlag herausgegeben wurden. Auch im Hinblick auf die Art der Bücher, die gefördert werden sollen, macht die Stichting CPNB Einschränkungen. Sie schließt dabei alle wissenschaftlichen Bücher aus, die für Unterricht, Studium oder Beruf verpflichtend gelesen werden müssen, und konzentriert sich nur auf die Förderung von Büchern, die freiwillig in der Freizeit gelesen werden. Darunter fallen z. B. Romane, Krimis, Gedichtbände, Kochbücher, Gartenbücher und Reiseführer. Es geht der Stichting CPNB zum einen darum, das Buch als Kulturgut zu fördern. Zum anderen soll aber auch der ökonomische Aspekt nicht unbeachtet bleiben, d. h., dass die Stiftung neben dem Lesen auch den Buchverkauf fördern möchte.[261]

Der Vorstand der Stichting CPNB setzt sich aus sechs Mitgliedern zusammen, von denen Geneviève Waldmann die Vorsitzende ist.[262] Die Stiftung hat aktuell 37 Mitarbeiter, von denen 16 in Teilzeit arbeiten. Für die tägliche Leitung verfügt die Stichting CPNB über eine zweiköpfige Direktion (den Direktor Eppo van Nispen tot Sevenaer und den stellvertretenden Direktor Gijs Schunselaar). Außerdem gibt es eine übergreifende Leitung, die sich aus Buchhändlern, Verlegern und Bibliotheken zusammensetzt.[263]

Die Stichting CPNB wird vom Koninklijke Boekverkopersbond, der Groep Algemene Uitgevers des Nederlands Uitgeversverbond und der Vereniging van Openbare Bibliotheken (Verband Öffentlicher Bibliotheken) finanziert. Von diesen drei Organisationen erhält die Stichting CPNB jedes Jahr ein Basisbudget von 1,2 Millionen Euro. Hinzu kommen Gelder von

---

258 Vgl. Stichting Collectieve Propaganda van het Nederlandse Boek: Over CPNB.
259 Vgl. Interview 2.
260 »das Lesen von Büchern und den Buchbesitz zu fördern.« (Übersetzung Sabrina Holitzner). Stichting
     Collectieve Propaganda van het Nederlandse Boek: Over CPNB.
261 Vgl. ebd.
262 Vgl. Stichting Collectieve Propaganda van het Nederlandse Boek: Bestuur. In: Homepage der
     Stichting CPNB. 2015. URL: http://web.cpnb.nl/index.vm?sp=566 [8.1.2016].
263 Vgl. Interview 2 und vgl. Jaaroverzicht 2013, S. 73.

Sponsoren, wie z. B. NBD Biblion (Nederlandse Bibliotheek Dienst; Niederländischer Bibliotheksdienst) und NS (Nederlandse Spoorwegen; Niederländische Eisenbahnen). 2014 hatte die Stichting CPNB 7 Millionen Euro zur Verfügung. Vom Ministerie van Onderwijs, Cultuur en Wetenschap (Ministerium für Bildung, Kultur und Wissenschaft) erhält die Stiftung keine Subventionen.[264] Die einzelnen Kampagnen der Stichting CPNB sollen sich weitgehend selbst finanzieren. Für viele Kampagnen entwickelt die Stiftung verschiedene Produkte und Materialien, wie z. B. Plakate, Informationsbroschüren, Magazine und auch Buchgeschenke für die Kunden. Buchhändler und Bibliotheken haben dann die Möglichkeit, diese einzukaufen.[265] »Uitgevers adverteren daarnaast in campagne-uitingen zoals magazines. Beide zijn [...] inkomsten voor de campagne en die moeten wegvallen tegen de productiekosten van de campagne uitingen.«[266] Die Stiftung erhält dabei die meisten Einnahmen für die Kampagnen durch den Buchhandel.[267]

Eine vergleichbare Organisation wie die Stichting CPNB gibt es in Deutschland nicht.

3.3.2 Erfolgreiche Leseförderung

Die Stichting CPNB hält Leseförderung für wichtig, da sie das Buch »als voortbrengsel van cultuur, als bewaarplek van cultureel erfgoed, als hoeder van traditie, als motor van vernieuwing, [...] maar ook als bevorderaar van mondigheid of andere deugden van de democratie [ziet].«[268] Für die Teilhabe an der Gesellschaft erachtet die Stiftung das Lesen als unabdingbar.[269]

Die Stichting CPNB hat keine eigene Strategie für eine erfolgreiche Leseförderung, sondern sie orientiert sich dabei an der Stichting Lezen und ihren Faktoren für eine erfolgreiche Leseförderung. So verwies Esther Scholten von der Stichting CPNB im Interview auf diese acht Erfolgsfaktoren der Stichting Lezen, die bereits in Kapitel 3.1.2 ausführlich erläutert wurden: Buchangebot, unterstützende Rolle von Profis, fördernde Rolle von Eltern und Freunden,

---

264 Vgl. Interview 2.
265 Vgl. Interview 2 und vgl. Stichting Collectieve Propaganda van het Nederlandse Boek: Over CPNB.
266 »Verleger inserieren außerdem in Werbematerialien der Kampagnen, wie zum Beispiel Magazinen. Beides sind Einnahmen für die Kampagnen und die müssen die Produktionskosten der Werbematerialien der Kampagnen decken.« (Übersetzung Sabrina Holitzner). Interview 2.
267 Vgl. Stichting Collectieve Propaganda van het Nederlandse Boek: Over CPNB.
268 »als Kulturprodukt, als Bewahrungsort des kulturellen Erbguts, als Hüter von Tradition, als Motor von Erneuerung, aber auch als Förderer von Mündigkeit und anderen Tugenden der Demokratie sieht.« (Übersetzung Sabrina Holitzner). Interview 2.
269 Vgl. ebd.

Zeit und Aufmerksamkeit für das Lesen, Vorlesen, Freies Lesen, Gespräche über Bücher und Differenzierung.[270]

Wie in Kapitel 3.3.1 schon erwähnt, ist es das Ziel der Stichting CPNB, neben dem Lesen von Büchern auch den Buchbesitz zu fördern. Unter Buchbesitz versteht die Stiftung sowohl geliehene als auch gekaufte Bücher. Dabei macht sie keinen Unterschied zwischen gedruckten und digitalen Büchern, da der Leser selbst entscheiden soll, wie er am liebsten liest.[271]

3.3.3 Kampagnen

Die beiden erfolgreichsten Kampagnen der Stichting CPNB sind die »Boekenweek« und die »Kinderboekenweek«.[272] Wie bereits in Kapitel 3.3.1 erwähnt, gibt es die »Boekenweek« bereits seit 1932. Für diese wurde ein Sammelband mit Geschichten von niederländischen Autoren mit dem Titel »Geschenk« (siehe Abbildung 15) produziert, den die Kunden geschenkt bekamen, wenn sie während der »Boekenweek« für einen bestimmten Betrag Bücher kauften. Bei diesem Buch mit einer Auflage von 32.000 Exemplaren handelte es sich um das erste »Boekenweekgeschenk«. Seitdem gibt es jedes

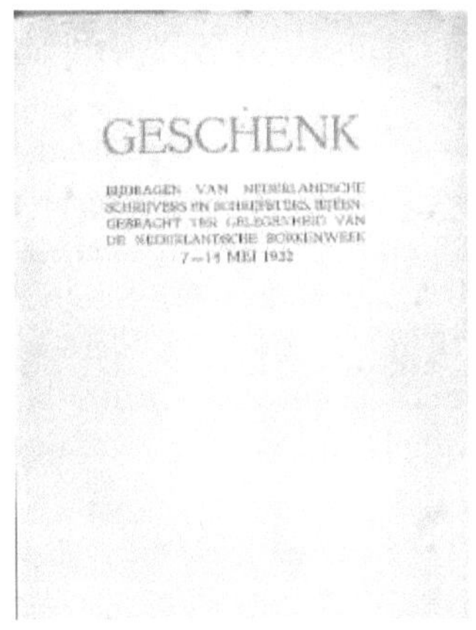

Abb. 15: Erstes »Boekenweekgeschenk« mit dem Titel »Geschenk« von 1932.[273]

270 Vgl. ebd.
271 Vgl. ebd.
272 Vgl. ebd.
273 Quelle: Stichting Collectieve Propaganda van het Nederlandse Boek: Boekenweek. Uitgaven sinds 1930. In: Homepage der Stichting CPNB. 2015. URL: http://web.cpnb.nl/cpnb/index.vm?pagina=85 [9.1.2016].

Jahr während der »Boekenweek« ein neues »Boekenweekgeschenk«. Eine Ausnahme bildete der Zeitraum von 1942 bis 1945. Währenddessen wurde die »Boekenweek« vom deutschen Sicherheitsdienst (SD) verboten. Seit 1946 gibt es die Kampagne wieder.[274] Jedes Jahr wird dafür ein neues Buch geschrieben. Kunden einer Buchhandlung erhalten dieses »Boekenweekgeschenk« dann kostenlos, wenn sie für mindestens 12,50 Euro niederländische Bücher kaufen. 2015 war es das Buch »De zomer hou je ook niet tegen« (Den Sommer hältst du auch nicht auf) von Dimitri Verhulst. Es erschien in einer Auflage von 723.000 Exemplaren. Neben dem »Boekenweekgeschenk« gibt es seit 1987 auch noch ein »Boekenweekessay«, das jedes Jahr extra für die »Boekenweek« geschrieben wird. Es ist während der »Boekenweek« für 2,50 Euro erhältlich und kostet danach 7,50 Euro. Mitglieder einer Bibliothek erhalten in der »Boekenweek« seit 2014 zudem ein »Boekenweekbundel« (Buchwochensammlung) mit bis dato unveröffentlichten Geschichten niederländischer Autoren als Geschenk. Sowohl das »Boekenweekgeschenk«, das »Boekenweekessay« als auch das »Boekenweekbundel« handeln von einem bestimmten Thema, das jährlich zur »Boekenweek« wechselt. 2015 war das »Waanzin – Te gek voor woorden« (Wahnsinn – zu verrückt für Worte).[275] Die »Boekenweek« 2016 findet vom 12. bis 20. März 2016 statt und hat den Schwerpunkt »Duitsland – Was ich noch zu sagen hätte« (Deutschland – Was ich noch zu sagen hätte). Grund dafür ist, dass die Niederlande gemeinsam mit Flandern 2016 Gastland der Frankfurter Buchmesse sind.[276] Dadurch, dass jedes Jahr während der »Boekenweek« ein anderes Thema im Mittelpunkt steht, soll Aufmerksamkeit für eine bestimmte Kategorie von Büchern oder neue Buchausgaben erzeugt werden. Buchhandlungen und Bibliotheken stellen zum Thema der »Boekenweek« jährlich ein spezielles Buchangebot zusammen und organisieren verschiedene Aktivitäten.[277]

---

274 Vgl. Metz, Karlien: Geschiedenis van de Boekenweek und vgl. Stichting Collectieve Propaganda van het Nederlandse Boek: Boekenweek. Uitgaven sinds 1930. In: Homepage der Stichting CPNB. 2015. URL: http://web.cpnb.nl/cpnb/index.vm?pagina=85 [9.1.2016].

275 Vgl. Stichting Collectieve Propaganda van het Nederlandse Boek: Boekenweek. In: Homepage der Stichting CPNB. 2015. URL: http://web.cpnb.nl/campagne.vm?c=175 [9.1.2016] und vgl. Stichting Collectieve Propaganda van het Nederlandse Boek: Boekenweek. Uitgaven sinds 1930.

276 Vgl. David Van Reybrouck schrijft Boekenweekessay 2016. Thema van de 81ste Boekenweek is Duitsland. In: Homepage der Stichting CPNB vom 11.6.2015. URL: http://web.cpnb.nl/actueelbericht. vm?ab=664 [9.1.2016].

277 Vgl. Stichting Collectieve Propaganda van het Nederlandse Boek: Boekenweek.

Darunter fallen z. B. Lesungen, Schreibworkshops und Buchausstellungen.[278] Seit 1947 wird die »Boekenweek« mit dem »Boekenbal« (Bücherball) in Amsterdam eröffnet, auf dem geladene Autoren und Verlagsmitarbeiter zusammenkommen.[279] Für die Öffentlichkeit gibt es seit 2002 den »Boekenbal voor Lezers« (Bücherball für Leser), der jedes Jahr in einer anderen Stadt in den Niederlanden stattfindet. Dort gibt es u. a. Musik, verschiedene Vorträge und Signierstunden mit Autoren. 2016 wird der »Boekenbal voor Lezers« in Nijmegen veranstaltet.[280] Da die Nederlandse Spoorwegen (Niederländische Eisenbahnen) seit 2002 Hauptsponsor der »Boekenweek« sind, gibt es am letzten Sonntag der Kampagne noch eine besondere Aktion für alle, die das »Boekenweekgeschenk« des jeweiligen Jahres besitzen: Bei Vorlage des aktuellen »Boekenweekgeschenk« kann jeder an diesem Tag mit den Nederlandse Spoorwegen gratis durch die ganzen Niederlande reisen.[281]

Die »Kinderboekenweek«, die 1955 entstanden ist, ist ähnlich aufgebaut wie die »Boekenweek«. Sie hat ein jährlich wechselndes Thema und findet an zehn Tagen im Oktober statt. Rund um das Thema organisieren Bibliotheken, Buchhandlungen und Schulen verschiedene Aktivitäten zu Kinderbüchern wie Workshops, Signierstunden mit Autoren und Malwettbewerbe.[282] Wie bei der »Boekenweek« gibt es bei dieser Kampagne ebenfalls ein Buch, das »Kinderboekenweekgeschenk«, das jedes Jahr von einem anderen Autor geschrieben wird. Kunden einer Buchhandlung erhalten dies während der »Kinderboekenweek« kostenlos, wenn sie für mindestens 10 Euro niederländische Kinder- oder Jugendbücher kaufen. 2015 war es das Buch »Per Ongelukt!« (Aus Versehen gelungen) von Simon van der Geest. Thema der »Kinderboekenweek« 2015 war »Raar maar waar!« (Seltsam, aber wahr). Ein Buch als »Kinderboekenweekgeschenk« gibt es erst seit 1962. Zuvor ver-

278 Vgl. Boekenweek 2015. In: Homepage der Bibliotheek Midden-Brabant vom 6.2.2015. URL: http://www.bibliotheekmb.nl/nieuws/1502-feb/boekenweek-bij-de-bibliotheek-midden-brabant.html [9.1.2016].

279 Vgl. Metz, Karlien: Geschiedenis van de Boekenweek und vgl. Stichting Collectieve Propaganda van het Nederlandse Boek: Boekenweek.

280 Vgl. Metz, Karlien: Geschiedenis van de Boekenweek und vgl. Stichting Collectieve Propaganda van het Nederlandse Boek: Activiteiten. Boekenweek bij u in de buurt. Boekenbal voor Lezers. In: Homepage der Kampagne »Boekenweek«. 2015. URL: http://www.boekenweek.nl/activiteiten/index.html [9.1.2016].

281 Vgl. Stichting Collectieve Propaganda van het Nederlandse Boek: Boekenweek.

282 Vgl. Bibliotheek Noordwest Veluwe: Kinderboekenweek 7 t/m 18 oktober 2015. In: Homepage der Bibliotheek Noordwest Veluwe. 2015. URL: http://www.bibliotheeknoordwestveluwe.nl/kinderboekenweek.html [9.1.2016] und vgl. Stichting Collectieve Propaganda van het Nederlandse Boek: Kinderboekenweek. In: Homepage der Stichting CPNB. 2015. URL: http://web.cpnb.nl/campagne.vm?c=189 [9.1.2016].

schenkte der Buchhandel ein Bücherspiel oder ein Mobile zum Selbstbasteln. Die ersten beiden Geschenke 1955 und 1956 waren Poster. Seit 1986 wird für die »Kinderboekenweek« zusätzlich jährlich ein Bilderbuch (das »Prentenboek van de Kinderboekenweek«) produziert, das während der Kampagne in Buchhandlungen günstig zu erwerben ist. Eröffnet wird die Kampagne jährlich mit dem »Kinderboekenbal« (Kinderbücherball), an dem nur geladene Gäste teilnehmen können.[283] Bei dieser Veranstaltung wird auch der »Gouden Griffel« (Goldene Griffel) überreicht. Das ist ein Preis für das beste niederländische Kinderbuch des Jahres, den es seit 1971 gibt.[284] Grundschulen haben die Möglichkeit, zur Kampagne Unterrichtspakete zu bestellen, die neben Informationsbroschüren, der »Kinderboekenkrant« (Kinderbücherzeitschrift) und Unterrichtsmaterialien auch das »Prentenboek van de Kinderboekenweek« und das »Kinderboekenweekgeschenk« enthalten.[285] Bei der »Kinderboekenweek« 2016, die vom 5. bis 16. Oktober 2016 stattfinden wird, liegt der Schwerpunkt auf Großeltern, denn das Thema ist »Voor altijd jong!« (Für immer jung).[286]

Die Beteiligung an der »Kinderboekenweek« und der »Boekenweek« durch die Buchhandlungen und Bibliotheken ist größer als bei allen anderen Kampagnen der Stichting CPNB. In Buchhandlungen sorgen beide Kampagnen für eine Umsatzsteigerung. Außerdem beteiligen sich an der »Kinderboekenweek« jährlich mehr als 90 Prozent aller Grundschulen in den Niederlanden.[287] Neben der »Boekenweek« und der »Kinderboekenweek« sind der Stichting CPNB auch die Kampagnen »Nederland Leest« (die Niederlande lesen) und »Maand van het Spannende Boek« (Monat des Krimis) besonders wichtig. Diese vier Kampagnen und eine nicht näher definierte Kampagne zur Förderung von Sachbüchern muss die Stichting CPNB auf jeden Fall durchführen, da sie Teil einer Vereinbarung zwischen Buchhandlungen, Verlagen und Bibliotheken sind. Auch die Gelder, die die Stiftung

---

283 Vgl. Stichting Collectieve Propaganda van het Nederlandse Boek: Kinderboekenweek und vgl. Stichting Collectieve Propaganda van het Nederlandse Boek: Kinderboekenweek. Uitgaven sinds 1955. In: Homepage der Stichting CPNB. 2015. URL: http://web.cpnb.nl/cpnb/index.vm?pagina=88 [9.1.2016].

284 Vgl. Stichting Collectieve Propaganda van het Nederlandse Boek: Griffels, Penselen en Paletten. In: Homepage der Stichting CPNB. 2015. URL: http://web.cpnb.nl/campagne.vm?c=196 [9.1.2016].

285 Vgl. Stichting Collectieve Propaganda van het Nederlandse Boek: Kinderboekenweek.

286 Vgl. Stichting Collectieve Propaganda van het Nederlandse Boek: Dolf Verroen schrijft Kinderboekenweekgeschenk 2016. In: Homepage der Kampagne »Kinderboekenweek«. 2015. URL: http://www.kinderboekenweek.nl/dolf-verroen-schrijft-kinderboekenweekgeschenk-2016/ [9.1.2016].

287 Vgl. Interview 2.

von diesen drei Einheiten erhält, müssen für diese Kampagnen verwendet werden.[288]

Die Kampagne »Nederland Leest« ist 2006 auf Initiative der Stichting CPNB entstanden und wird von ihr gemeinsam mit der Vereniging van Openbare Bibliotheken durchgeführt. Dabei handelt es sich um die größte nationale Lesekampagne, die einen Monat lang dauert. Jedes Jahr wird ein neues Buch herausgebracht, das dann während der Kampagne von allen teilnehmenden Öffentlichen Bibliotheken in den Niederlanden kostenlos an ihre Mitglieder verteilt wird. Damit soll erreicht werden, dass das Buch von so vielen Menschen wie möglich gelesen wird und zu Gesprächen anregt.[289] 2015 stand während »Nederland Leest« ein Sammelband mit 40 niederländischen Kurzgeschichten im Mittelpunkt. Zuvor hatte es sich immer um Romane gehandelt. Eine weitere Besonderheit 2015 war, dass jede der zwölf Provinzen in den Niederlanden eine eigene Ausgabe des Sammelbandes hatte. In jeder Provinz waren den regulären Geschichten weitere Kurzgeschichten mit regionalem Bezug vorangestellt.[290] In Zusammenarbeit mit der Stichting Lezen wurde zudem eine separate Ausgabe für Schüler produziert.[291] Während der Kampagne fanden in niederländischen Bibliotheken viele Aktivitäten wie Lesungen, Schreibwettbewerbe, Ausstellungen und Workshops statt.[292] Vorbild für »Nederland Leest« war die 2001 in den USA gestartete Kampagne »One Book, One City«, bei der alle Bewohner Chicagos dasselbe Buch (»To kill a mockingbird« von Harper Lee) lesen und miteinander besprechen sollten.[293]

Im Juni 1989 wurde der erste »Maand van het Spannende Boek« veranstaltet, d. h. dass seitdem jedes Jahr im Juni einen Monat lang Krimis im Fokus standen. Ab 2016 heißt diese Kampagne »Spannende Boeken Weken« (Krimiwochen) und dauert keinen ganzen Monat mehr, sondern

288 Vgl. ebd.
289 Vgl. Stichting Collectieve Propaganda van het Nederlandse Boek: Nederland Leest. In: Homepage der Stichting CPNB. 2015. URL: http://web.cpnb.nl/campagne.vm?c=161 [9.1.2016].
290 Vgl. Stichting Collectieve Propaganda van het Nederlandse Boek: Het korte verhaal. In: Homepage der Kampagne »Nederland Leest«. 2015. URL: http://www.nederlandleest.nl/het-korte-verhaal/ [9.1.2016].
291 Vgl. Stichting Collectieve Propaganda van het Nederlandse Boek: Nederland Leest op school. In: Homepage der Kampagne »Nederland Leest« zum 10-jährigen Bestehen. 2015. URL: http://nederlandleest.nl/10jaar/#school [9.1.2016].
292 Vgl. Stichting Collectieve Propaganda van het Nederlandse Boek: Activiteiten. Activiteitenoverzicht. In: Homepage der Kampagne »Nederland Leest«. 2015. URL: http://www.nederlandleest.nl/activiteiten/ [9.1.2016].
293 Vgl. Stichting Collectieve Propaganda van het Nederlandse Boek: Nederland Leest.

nur noch zweieinhalb Wochen (3. bis 19. Juni 2016). Dennoch ist es nach wie vor Ziel, die Bevölkerung in den Niederlanden für Krimis zu begeistern und in den Buchhandlungen verstärkt Krimis zu verkaufen. Wenn Kunden während der Laufzeit der Kampagne in einer Buchhandlung für über 12,50 Euro niederländische Bücher kaufen, erhalten sie das »Geschenkboek« (Geschenkbuch) gratis dazu. Dabei handelt es sich um einen Krimi, der jedes Jahr extra für die Kampagne geschrieben wird.[294] Seit 1999 ist das »Geschenkboek« auf ein bestimmtes Thema abgestimmt, das während der Kampagne im Zentrum steht. So lag 2015 der Schwerpunkt auf Polizeikrimis. Das »Geschenkboek« erschien 2015 in einer Auflage von 507.000 Exemplaren. Dabei handelte es sich um »Grijs gebied« (Graues Gebiet) von Marion Pauw.[295] 2016 werden niederländische Thriller unter dem Motto »Bloed in de polder« (Blut im Polder) während der »Spannende Boeken Weken« im Vordergrund stehen. Das »Geschenkboek« wird dabei von dem Autor Simon de Waal geschrieben.[296] Es wird für die Kunden der Buchhandlungen nicht nur als gedrucktes Buch, sondern auch als E-Book und als Hörbuch zur Verfügung stehen.[297] Dies unterstreicht die Wichtigkeit, die auch die Förderung von digitalen Texten für die Stichting CPNB hat. Während der Kampagne findet jedes Jahr der »Avond van het Spannende Boek« (Abend des Krimis) statt. Bei dieser Veranstaltung werden Krimiautoren geehrt und zwei Preise verliehen: der »Gouden Strop« (Goldene Strick) an den besten niederländischen Krimi und der »Schaduwprijs« (Schattenpreis) an das beste Krimidebüt.[298]

Neben Krimis fördert die Stichting CPNB in anderen Kampagnen noch weitere Buchgenres wie spirituelle Bücher (»De Maand van de Spiritualiteit«), Gedichte (»Poëzieweek«), Romane (»Week van het Romantische Boek«), Sportbücher (»De Week van het Sportboek«), Geschichtsbücher (»Maand van de Geschiedenis«), Kochbücher (»Kookboekenweek«) sowie Hörbücher (»Week van het Luisterboek«). Darüber hinaus veröffentlicht die Stichting

---

294 Vgl. Stichting Collectieve Propaganda van het Nederlandse Boek: Spannende Boeken Weken. In: Homepage der Stichting CPNB. 2015. URL: http://web.cpnb.nl/campagne.vm?c=178 [9.1.2016].

295 Vgl. Stichting Collectieve Propaganda van het Nederlandse Boek: Spannende Boeken Weken. Uitgaven sinds 1989. In: Homepage der Stichting CPNB. 2015. URL: http://web.cpnb.nl/cpnb/index. vm?pagina=70 [9.1.2016].

296 Vgl. Stichting Collectieve Propaganda van het Nederlandse Boek: Spannende Boeken Weken.

297 Vgl. Stichting Collectieve Propaganda van het Nederlandse Boek: Geschenkboek. Krijg het geschenkboek – geschreven door Simon de Waal – cadeau van uw boekverkoper in 2016. In: Homepage der Kampagne »Maand van het Spannende Boek«. 2015. URL: http://maandvanhetspannendeboek.nl/uitgaven-geschenk.html [9.1.2016].

298 Vgl. Stichting Collectieve Propaganda van het Nederlandse Boek: Spannende Boeken Weken.

CPNB jedes Jahr im Januar die »CPNB Top 100« (eine Liste der 100 meistverkauften Bücher des vorherigen Jahres) und wöchentlich »De Bestseller 60« (eine Liste der 60 meistverkauften Bücher der vorherigen Woche). Außerdem ist die Stichting CPNB für einige Preisverleihungen und die Organisation des niederländischen Buchfestivals »Manuscripta« zuständig.[299] »Manuscripta« ist vergleichbar einer Buchmesse, denn dort »presenteren Nederlandse uitgeverijen de nieuwe titels van het komende seizoen. Je kunt genieten van boekpresentaties, podiumoptredens, interviews met bekende en debuterende auteurs [en] signeersessies.«[300] Die »Manuscripta« gibt es seit 2007 und findet jedes Jahr in einer anderen niederländischen Stadt statt. Zielgruppe der kostenlosen Veranstaltung sind sowohl Privat- und Fachbesucher als auch Pressevertreter.[301] Die Stichting CPNB strebt mit allen Kampagnen an, »om publiciteit mee te verkrijgen [...] van een zo'n groot mogelijk en brede doelgroep.«[302] Daher werden alle Kampagnen landesweit durchgeführt, auch wenn es regionale Schwerpunkte gibt.[303] Dazu zählen u. a. »de publieksevenementen het Boekenbal voor Lezers en Manuscripta die ieder jaar van locatie wisselen.«[304] Insbesondere die »Boekenweek«, die »Kinderboekenweek« und »Nederland Leest« sind landesweit einer breiten Öffentlichkeit bekannt.[305]

Lediglich die Kampagne »Kinderboekenweek« der Stichting CPNB lässt sich mit einer Kampagne in Deutschland annähernd vergleichen. Dabei handelt es sich um die Buch-Gutschein-Aktion »Ich schenk dir eine Geschichte«, die seit 2007 jedes Jahr zum Welttag des Buches am 23. April stattfindet. Ini-

---

299 Vgl. Stichting Collectieve Propaganda van het Nederlandse Boek: Alle campagnes. In: Homepage der Stichting CPNB. 2015. URL: http://web.cpnb.nl/campagneoverzicht.vm?template=campagnes [9.1.2016] und vgl. Stichting Collectieve Propaganda van het Nederlandse Boek: CPNB Top 100. In: Homepage der Stichting CPNB. 2015. URL: http://web.cpnb.nl/campagne.vm?c=190 [9.1.2016] sowie vgl. Stichting Collectieve Propaganda van het Nederlandse Boek: De Bestseller 60. In: Homepage der Stichting CPNB. 2015. URL: http://web.cpnb.nl/campagne.vm?c=18 [9.1.2016].

300 »präsentieren niederländische Verlage die neuen Titel der kommenden Saison. Man kann sich an Buchpräsentationen, Podiumsauftritten, Interviews mit bekannten und debütierenden Autoren und Signierstunden erfreuen.« (Übersetzung Sabrina Holitzner). Stichting Collectieve Propaganda van het Nederlandse Boek: Info Manuscripta 2015. In: Homepage der »Manuscripta«. 2015. URL: http://www.manuscripta.nl/info/ [9.1.2016].

301 Vgl. Stichting Collectieve Propaganda van het Nederlandse Boek: Manuscripta. In: Homepage der Stichting CPNB. 2015. URL: http://web.cpnb.nl/campagne.vm?c=159 [9.1.2016].

302 »eine möglichst große Zielgruppe innerhalb der Bevölkerung zu erreichen.« (Übersetzung Sabrina Holitzner). Interview 2.

303 Vgl. ebd.

304 »die Publikumsveranstaltungen »Boekenbal voor Lezers« und »Manuscripta«, die jedes Jahr den Veranstaltungsort wechseln.« (Übersetzung Sabrina Holitzner). Ebd.

305 Vgl. ebd.

tiiert wird diese von der Stiftung Lesen zusammen mit allen Kultus- und Schulministerien der Bundesländer, dem Börsenverein des Deutschen Buchhandels, dem cbj-Verlag, der Deutschen Post AG und dem ZDF.[306] »Schülerinnen und Schüler der 4. und 5. Klasse erhalten im Rahmen dieser Aktion einen Buch-Gutschein, den sie im teilnehmenden Buchhandel gegen ein Exemplar des jeweilig neuen Titels der Reihe ›Ich schenk dir eine Geschichte‹ einlösen können.«[307] Diese Reihe wird bereits seit 1997 jährlich von der Stiftung Lesen und dem cbj-Verlag anlässlich des Welttags des Buches herausgegeben. Dafür wird seitdem jedes Jahr eine neue Geschichte von bekannten Kinderbuchautoren geschrieben. Die Aktion zielt darauf ab, die Lesefreude bei Kindern zu fördern. Die Stiftung Lesen erstellt für jeden neuen Titel der Reihe jedes Jahr Unterrichtsmaterialien für Schulen.[308] Auch für die »Kinderboekenweek« werden verschiedene Unterrichtsmaterialien angeboten. Ein weiterer Vergleich zwischen »Kinderboekenweek« und Buch-Gutschein-Aktion ist jedoch nur in Bezug auf das jeweilige Buchgeschenk möglich. Auch bei der »Kinderboekenweek« gibt es ein Buchgeschenk, das anlässlich der Kampagne jedes Jahr von einem anderen Autor geschrieben wird. Dieses erhält man in den Niederlanden allerdings nicht gegen einen Gutschein, sondern nur ab einem Mindesteinkauf von 10 Euro an Kinder- und Jugendliteratur in Buchhandlungen. Außerdem ist das »Kinderboekenweekgeschenk« nicht auf eine bestimmte Altersgruppe beschränkt im Vergleich zur deutschen Buch-Gutschein-Aktion, die sich nur an Schüler der 4. und 5. Klassen richtet.

3.4 Die Leescoalitie

Im Dezember 2012 wurde die Leescoalitie (Lesekoalition) gegründet. Sie besteht aus der Stichting Lezen (sie hat den Vorsitz der Leescoalitie), der Stichting Lezen & Schrijven, der Stichting Collectieve Propaganda van het Nederlandse Boek, der Koninklijke Bibliotheek und der Vereniging van Openbare Bibliotheken (Verband Öffentlicher Bibliotheken). Diese fünf Organisationen haben sich zusammengeschlossen, um die Anzahl funktionaler Analphabeten in den Niederlanden zu reduzieren und Menschen zum

---

306 Vgl. Stiftung Lesen: Buch-Gutschein-Aktion »Ich schenk dir eine Geschichte«. In: Homepage der Stiftung Lesen. 2015. URL: http://www.stiftunglesen.de/initiativen-und-aktionen/welttag-des-buches/buchaktion/ [10.1.2016].
307 Ebd.
308 Vgl. ebd.

Lesen von Literatur anzuregen.[309] Darüber hinaus streben sie Folgendes an: »In 2025 verlaat geen enkel kind school met een leesachterstand. [...] In 2025 zijn alle volwassenen geletterd of bezig dat te worden.«[310]

Jedes Jahr führt die Leescoalitie eine gemeinsame Kampagne durch. 2013 war dies »het Jaar van het Voorlezen« (das Jahr des Vorlesens) und 2014/15 »Vaders Voor Lezen« (Väter für das Lesen). Die neueste Kampagne ist »2016 Jaar van het Boek« (2016: Jahr des Buches). Ziel der Kampagne von 2013 war es, Eltern, Großeltern und Lehrer anzuregen, öfter vorzulesen. Bei der Kampagne 2014/15 ging es der Leescoalitie vor allem darum, das Vorlesen durch Väter zu fördern.[311] Untersuchungen in den Niederlanden haben ergeben, dass 65 Prozent der Mütter, aber nur acht Prozent der Väter ihren Kindern regelmäßig vorlesen. Insbesondere das Leseverhalten von Jungen wird positiv beeinflusst, wenn Väter ihren Söhnen vorlesen.[312] Um die Bekanntheit von »Vaders Voor Lezen« in der Öffentlichkeit zu steigern, setzten sich elf prominente Niederländer, die selbst Väter sind, für die Kampagne ein.[313] Zu den Aktionen der Kampagne gehörte u. a. die »Vaderweek« (Woche des Vaters) vom 16. bis 22. November 2015. Väter, die in diesem Zeitraum in einer Buchhandlung ein Buch gekauft haben, erhielten ein kleines Kinderbuch zum Vorlesen als Geschenk. Am 19. November 2015 fand zudem »'t Heerlijk Voorleesavondje« (ein wunderbarer Vorleseabend) statt. An diesem Tag wurden alle Väter in den Niederlanden dazu aufgerufen, ihrem Kind mindestens 15 Minuten vorzulesen und Fotos davon auf Facebook oder Twitter zu teilen.[314] Während der »Nationale Voorleesdagen« 2015 lasen prominente niederländische Väter Kindern beim »Nationale Voorleesontbijt« vor.[315]

---

309 Vgl. Leescoalitie: Wat is de Leescoalitie? In: Homepage der Leescoalitie. 2015. URL: http://leescoalitie. nl/#wat-is-de-leescoalitie [7.1.2016] und vgl. Leescoalitie: Wat wil de Leescoalitie? In: Homepage der Leescoalitie. 2015. URL: http://leescoalitie.nl/#wat-wil-de-leescoalitie [7.1.2016].

310 »2025 verlässt kein einziges Kind die Schule mit einem Leserückstand. 2025 sind alle Erwachsenen alphabetisiert oder sind dabei, das zu werden.« (Übersetzung Sabrina Holitzner). Leescoalitie: Wat wil de Leescoalitie?

311 Vgl. Leescoalitie: Wat doet de Leescoalitie? In: Homepage der Leescoalitie. 2015. URL: http://leescoalitie.nl/#wat-doet-de-leescoalitie [7.1.2016].

312 Vgl. Stichting Lezen & Schrijven: Vaders Voor Lezen Voorleesservice. In: Homepage der Stichting Lezen & Schrijven. 2015. URL: http://www.lezenenschrijven.nl/uploads/editor/Vaders_Voor_Lezen_ Voorleesservice.pdf [8.1.2016].

313 Vgl. Leescoalitie: Wat doet de Leescoalitie?

314 Vgl. Stichting Lezen: Vaderweek. In: Homepage der Kampagne »Vaders Voor Lezen«. 2015. URL: http://vadersvoorlezen.nl/2015/10/vaderweek-2/ [8.1.2016].

315 Vgl. Stichting Lezen: Voorleesontbijt 2015: Vaders Lezen Voor! In: Homepage der Kampagne »Vaders Voor Lezen«. 2015. URL: http://vadersvoorlezen.nl/2015/01/voorleesontbijt-2015-vaders-lezen-voor/ [8.1.2016].

Eine Aktion, die bereits 2014 gestartet ist und weiter andauern wird, ist der »Vaders Voor Lezen-Voorleesservice« (Väter für das Lesen-Vorleseservice). Unternehmen, die daran teilnehmen, bekommen neben Vorlesetipps kostenlos einmal pro Monat digital eine neue Geschichte zum Vorlesen. Diese können sie dann per E-Mail an Väter (und Mütter) weiterleiten, die in ihrem Unternehmen arbeiten.[316] Ziel ist es, »vaders via hun werkgever te stimuleren om thuis meer voor te lezen.«[317] Am »Vaders Voor Lezen-Voorleesservice« nahmen im Januar 2015 bereits 80 Unternehmen in den Niederlanden teil.[318] Bei der neuen Kampagne für 2016 steht nun das Buch selbst im Vordergrund. Dazu beigetragen hat auch die Tatsache, dass die Niederlande gemeinsam mit Flandern 2016 Gastland der Frankfurter Buchmesse sind. Geplante Aktivitäten sind u. a. die »Verkiezing van het Belangrijkste Boek« (Wahl des wichtigsten Buches), bei der Niederländer für das Buch abstimmen können, das ihnen am meisten bedeutet, sowie ein Buchfestival, bei dem die wichtigsten Bücher der Niederlande ausgestellt werden.[319]

Eine solche Lesekoalition gibt es in Deutschland nicht, allerdings hat Deutschland für den »Vaders voor Lezen-Voorleesservice« der Leescoalitie als Vorbild gedient.[320] Bereits 2010 hat die Stiftung Lesen in einigen Bundesländern das Projekt »Mein Papa liest vor!« gestartet und nach und nach ausgeweitet.[321] Wie in den Niederlanden richtet sich das Projekt an Unternehmen und die dort arbeitenden Mitarbeiter. Unternehmen, die daran teilnehmen, erhalten neben Vorlesetipps jede Woche eine kostenlose Vorlesegeschichte der Stiftung Lesen, die sie dann für ihre Mitarbeiter über das Intranet zum Download bereitstellen. Dabei handelt es sich um Geschichten, die sich an Kinder zwischen 3 und 12 Jahren richten und von bekannten Autoren geschrieben wurden. Durch das Projekt sollen insbesondere Väter, aber auch Mütter dazu animiert werden, ihren Kindern öfter vorzulesen. Ferner soll die Familienfreundlichkeit der Unternehmen verbessert werden.[322] Inzwi-

---

316 Vgl. Stichting Lezen & Schrijven: Vaders Voor Lezen Voorleesservice.

317 »dass Väter durch ihren Arbeitgeber dazu angeregt werden, zu Hause mehr vorzulesen.« (Übersetzung Sabrina Holitzner). Jaarverslag 2014. Hrsg. von der Stichting Lezen, S. 92.

318 Vgl. ebd., S. 92.

319 Vgl. Gerrits, Eva: Wees trots, vier het boek, zegt het voort! 2016 Jaar van het Boek. In: Lezen. 10. Jg. (2015) Nr. 4, S. 4–6, hier S. 4f.

320 Vgl. Jaarverslag 2014. Hrsg. von der Stichting Lezen & Schrijven, S. 100.

321 Vgl. Stiftung Lesen. Jahresbericht 2013. Berichtszeitraum 01.01.2013–31.12.2013. Hrsg. von der Stiftung Lesen. Mainz: Stiftung Lesen 2014, S. 22.

322 Vgl. Mein Papa liest vor! Kostenloser Service für Unternehmen und Arbeitgeber. Hrsg. von der Stiftung Lesen. Mainz: Stiftung Lesen 2014. URL: https://www.stiftunglesen.de/download.php?type=documentpdf&id=1039 [9.1.2016], S. 2.

schen beteiligen sich 1.247 Unternehmen in Deutschland an »Mein Papa liest vor!«.[323] In Deutschland nehmen also wesentlich mehr Unternehmen daran teil als in den Niederlanden. Abgesehen davon, dass Mitarbeiter in den Niederlanden nur einmal pro Monat statt wöchentlich eine Vorlesegeschichte zur Verfügung gestellt bekommen, ist das Projekt aber nahezu identisch und hat dieselben Ziele.

323 Vgl. Rheinland-Pfalz bei »Mein Papa liest vor!« besonders erfolgreich. In: Homepage der Stiftung Lesen vom 28.9.2015. URL: https://www.stiftunglesen.de/pressebereich/pressemitteilungen/710 [9.1.2016].

4 LESEFÖRDERUNG IN DEN NIEDERLANDEN UND ERKENNTNISSE FÜR DEUTSCHE INSTITUTIONEN, DIE DAS LESEN FÖRDERN

Sowohl die Stichting Lezen, die Stichting Lezen & Schrijven als auch die Stichting Collectieve Propaganda van het Nederlandse Boek betreiben Leseförderung. Sie haben jedoch alle unterschiedliche Zielsetzungen. Der Stichting Lezen geht es vor allem darum, die Lesefreude bei Kindern und Jugendlichen im Alter von null bis 18 Jahren zu fördern und (gedruckte und digitale) Bücher in ihren Alltag zu integrieren. Eine indirekte Zielgruppe sind Vermittler wie Eltern, Mitarbeiter von Kindertagesstätten, Lehrer und Bibliothekare, die von der Stichting Lezen z. B. Tipps zum Vorlesen, Anregungen zum Aufbau einer Schulbibliothek oder Unterrichtsmaterialien erhalten, um die eigentliche Zielgruppe zu erreichen. Ein weiteres Ziel der Stichting Lezen ist es zudem, die Forschung bezüglich Leseförderung voranzutreiben. Um ihre Ziele durchzusetzen, führt die Stichting Lezen, wie in Kapitel 3.1.3 ersichtlich wurde, einige Projekte durch. Bei den »Nationale Voorleesdagen« kommen schon kleine Kinder durch das Vorlesen mit Geschichten in Berührung. So kann bei Kindern schon früh das Interesse für Bücher geweckt werden. Vermittler wie Erzieher, Lehrer und Bibliothekare sind ebenfalls fest in das Projekt eingebunden, da sie verschiedene Vorleseaktionen mitorganisieren. Beim »Nationale Voorleeswedstrijd« wird insbesondere die Lesefreude bei Schülern der 7. und 8. Klasse gefördert. Kinder, die selbst nicht aktiv daran beteiligt sind, können, indem sie anderen Schülern beim Vorlesen zuhören, für Kinder- und Jugendliteratur begeistert werden. Schulen und Bibliotheken sind als Vermittler an der Organisation des Wettbewerbs beteiligt. Beim Projekt »De Jonge Jury« steht die Lesefreude der 12- bis 16-Jährigen im Vordergrund, da sie für ihr Lieblingsjugendbuch abstimmen können. Bei »De Weddenschap« soll ebenfalls die Lesefreude der teilnehmenden Schüler gefördert werden, indem sich Schüler selbst aussuchen können, welche drei Bücher sie lesen möchten, um die Wette zu gewinnen. Dazu kommt, dass sie von einem prominenten Lesecoach zum Lesen angespornt werden. Bei »BoekStart« soll das Interesse von Babys an Büchern geweckt werden. Das Projekt soll dazu beitragen, dass Eltern mit ihren Babys regelmäßig eine Bibliothek besuchen, um ihnen Bücher vorzulesen oder auszuleihen. Auf diese Weise werden Bücher schon früh in den Alltag von Kindern integriert. Bibliotheken und Eltern fungieren dabei als Vermittler der Leseförderung. Durch die Erweiterung des Projekts auf Kindertagesstätten und Kindergärten werden Bücher durch dortige Vorlesestunden zu einem festen Bestandteil des Alltags der Kinder und können so schon frühzeitig ihre Freude am Lesen fördern. »Bibliotheek op school« spricht vor allem Lehrer bzw. Schulen als Vermittler an, da sie bei diesem Projekt von Bibliotheken Tipps erhalten, wie sie für Kinder eine passende Leseumgebung in Form einer Schulbibliothek aufbauen können, um so Kinder für das Lesen zu begeistern. Um ihre Ziele zu erreichen, setzt die Stichting Lezen all ihre Projekte landesweit um.

Der Stichting Lezen & Schrijven hingegen geht es vor allem darum, dass die gesamte Bevölkerung in den Niederlanden lesen, schreiben und rechnen kann sowie über Computerkenntnisse verfügt. Sie will also insbesondere den Erwerb von Lese- und Sprachkompetenz fördern. Ihre Zielgruppe sind sowohl Erwachsene als auch Kinder. Außerdem ist es ihr Ziel, die Öffentlichkeit über Analphabetismus und funktionalen Analphabetismus aufzuklären. Um ihre Ziele zu erreichen, arbeitet die Stichting Lezen & Schrijven mit der Regierung, Unternehmen, sozialen Behörden, Pflegeeinrichtungen und Ehrenamtlichen zusammen und führt, wie in Kapitel 3.2.3 deutlich wurde, verschiedene Projekte und Kampagnen durch. Bei den »Boekestafettes« stand neben der Förderung von Lesekompetenz auch die Vermittlung von Lesefreude im Fokus. Bei »Moeite met lezen ofzo?«, »Taal Werkt!« und »Taal maakt Gezonder« geht es vor allem darum, auf funktionalen Analphabetismus allgemein, in Betrieben und in Gesundheitseinrichtungen aufmerksam zu machen und Betroffene zu erkennen. Die »Nationale Bellijn« berät funktionale Analphabeten kostenlos und hilft ihnen bei der Suche nach einem geeigneten Kurs, um Lese- und Sprachkompetenz zu erwerben oder Rechnen sowie den Umgang mit einem Computer zu lernen. Das wichtigste Projekt, um den Erwerb von Lese- und Sprachkompetenz zu fördern, ist »Taal voor het Leven«. Dabei setzt sich die Stichting Lezen & Schrijven dafür ein, dass für funktionale Analphabeten bzw. Menschen, die Probleme mit dem Lesen, Schreiben, Rechnen und Computerumgang haben, an ihre Bedürfnisse angepasste Kurse in unmittelbarer Umgebung angeboten werden. Auch die Errichtung von »Taalhuizen« und »Taalpunten« im Rahmen des Projekts trägt zum Erreichen der Ziele der Stiftung bei, denn diese bieten weitere Anlaufstellen für Betroffene. Mit dem »Taalzoeker« lassen sich diese Institutionen sowie geeignete Kurse finden. Die Lese- und Sprachkompetenz werden auch mit »Taal voor Thuis« gefördert, bei dem Eltern Kurse besuchen können und mit Übungsmaterialien lernen, wie sie ihre eigene und die Lese- und Sprachkompetenz ihrer Kinder verbessern können. Die Bücher der Reihe »Leeslicht«, die in einem einfachen Niederländisch verfasst sind, sollen auch Menschen, die Schwierigkeiten mit dem Lesen haben, Spaß am Lesen vermitteln und so zur Verbesserung ihrer Lesekompetenz beitragen. Mit der »Week van de Alfabetisering« will die Stichting Lezen & Schrijven die Öffentlichkeit mit verschiedenen landesweiten Aktivitäten über funktionalen Analphabetismus aufklären.

Die Stichting Collectieve Propaganda van het Nederlandse Boek fördert vor allem das Lesen von Büchern an sich. Zudem möchte sie die Bevölkerung dazu anregen, gedruckte oder digitale Bücher von niederländischen Verlagen zur Freizeitlektüre zu kaufen oder zu leihen. Damit fördert sie gleichzeitig den Buchbesitz. Die Stichting CPNB möchte durch Kampagnen, in denen Bücher im Fokus stehen, so viele Niederländer wie möglich für das Lesen begeistern. Auf die Kampagnen wurde in Kapitel 3.3.3 ausführlich eingegangen. Das »Boekenweekgeschenk«, das »Kinderboekenweekgeschenk« und das »Geschenkboek« der »Spannende Boeken Weken« bieten einen Anreiz für die Bevölkerung, im Zeitraum der jeweiligen Kampagne mehr Bücher zu kaufen. Dies fördert den Buchbesitz. Außerdem sollen die Buchgeschenke, die jährlich extra für die jeweilige Kampagne geschrieben werden, auch das Lesen an sich fördern. Mit Kampagnen, wie den »Spannende Boeken Weken«, sollen bestimmte Buchgenres in den Mittelpunkt gerückt werden. Dies soll sowohl das Lesen als auch den Verkauf dieser Buchgenres fördern. Dadurch, dass für die Kampagne »Nederland Leest« jedes Jahr ein neues Buch herausgebracht wird, was dann von allen teilnehmenden Öffentlichen Bibliotheken in den Niederlanden kostenlos an ihre Mitglieder verteilt wird, wird ebenfalls der Buchbesitz gefördert. Gleichzeitig soll damit aber auch das Lesen an sich gefördert werden. Mit der Kampagne wird angestrebt, dass in den Niederlanden so viele Menschen wie möglich dieses Buch lesen und sich darüber austauschen, sodass das Thema »Buch« wieder stärker in die Öffentlichkeit rückt. Alle Kampagnen der Stichting CPNB werden landesweit durchgeführt, um damit die Mehrheit der niederländischen Bevölkerung zu erreichen.

Die Leescoalitie bündelt die Kräfte dieser drei Stiftungen und der Bibliotheken (Koninklijkc Bibliothcck und Vereniging van Openbare Bibliotheken).

Einige der niederländischen Projekte und Kampagnen zur Leseförderung existieren auch in ähnlicher Form in Deutschland. Dennoch besteht in Deutschland noch Verbesserungsbedarf hinsichtlich der Leseförderung. Die Anzahl der funktionalen Analphabeten (7,5 Millionen zwischen 18 und 64 Jahren) macht deutlich, dass in Deutschland noch einiges zur Förderung des Erwerbs von Lese- und Sprachkompetenz getan werden muss. So könnte der Bundesverband Alphabetisierung und Grundbildung e. V., um die Bevölkerung auf die Existenz von Analphabetismus und funktionalem Analphabetismus aufmerksam zu machen, Infobroschüren an Betriebe, Gesundheitseinrichtungen oder soziale Behörden senden. Diese könnten die Broschüren dann am Empfang oder in Wartezimmern auslegen. Zudem besteht Aufklärungsbedarf, da betroffene Menschen nicht unbedingt wissen, dass es in Deutschland das »ALFA-Telefon« zur Beratung gibt. Dazu und als Ergänzung zum Projekt »ALFA-Mobil« könnte ebenfalls eine öffentlichkeitswirksame Kampagne gestartet werden, die sich an der niederländischen Kampagne »Moeite met lezen ofzo?« der Stichting Lezen & Schrijven orientiert. Die Errichtung von Sprachhäusern nach dem Vorbild der niederländischen »Taalhuizen« könnte dazu beitragen, dass funktionale Analphabeten schneller eine Anlaufstelle in ihrer Umgebung finden, um sich über geeignete Kurse zu informieren oder beraten zu lassen. Ein vergleichbares Projekt wie die niederländischen »Boekestafettes« könnte dazu führen, sowohl die Lesefreude bei Kindern zu fördern als auch ihre Lesekompetenz zu verbessern. Das hat sich am Beispiel der von der Stichting Lezen & Schrijven, dem Verlag Kluitman und dem FC Groningen durchgeführten »Boekestafette« gezeigt. Dafür schrieben verschiedene Grundschulklassen an Geschichten über den Fußballer Arjen Robben, die dann als Bücher veröffentlicht wurden. Diese Idee könnte man auch in Deutschland umsetzen, indem man Grundschulklassen Geschichten über ihre Lieblingsfußballer schreiben lässt. In Bezug auf Mainz würde sich z. B. eine Kooperation mit dem Fußballverein Mainz 05 anbieten, um die Kinder für das Lesen und Schreiben zu begeistern. Ein ähnliches Projekt wie »De Weddenschap« der Stichting Lezen könnte insbesondere das Lesen bei Hauptschülern fördern. Als prominente Lesecoaches könnten dann ihre Idole dienen, die sie herausfordern, innerhalb eines bestimmten Zeitraums eine Anzahl Bücher zu lesen. Wenn Hauptschüler z. B. gerne Hip-Hop-Musik hören, könnte man beispielsweise versuchen, den deutschen Rapper Sido als Lesecoach zu gewinnen. Auch die Stichting Collectieve Propaganda van het Nederlandse Boek kann deutschen Institutionen, die das Lesen fördern, als Vorbild dienen. So würden Buchwochen für bestimmte Genres in Deutschland, zu denen es bei einem Mindesteinkauf an Büchern ein Buchgeschenk gibt, sicherlich das Interesse vieler Menschen wecken. Buchwochen könnten auch in Deutschland dazu beitragen, dass mehr gelesen wird. Ebenso könnte dies evtl. zu einer Umsatzsteigerung für den stationären Buchhandel führen. Dies sind nur einige Möglichkeiten, mit denen aufgezeigt wurde, dass deutsche Institutionen, die das Lesen fördern, sich hinsichtlich Projekten und Kampagnen an den Niederlanden orientieren sollten, um so ihre eigenen Leseförderungsstrategien zu verbessern.

LITERATURVERZEICHNIS

Gedruckte Quellen

Bertschi-Kaufmann, Andrea: Das Lesen anregen, fördern, begleiten. 2. Aufl. Seelze: Kallmeyer in Verbindung mit Klett 2010.

De Nationale Voorleeswedstrijd. ›Voorlezen is samen veel leuker dan alleen‹. Hrsg. von der Stichting Lezen. Amsterdam: Stichting Lezen 2014.

Gerrits, Eva: Wees trots, vier het boek, zegt het voort! 2016 Jaar van het Boek. In: Lezen. 10. Jg. (2015) Nr. 4, S. 4–6.

Jaarverslag 2014. Hrsg. von der Stichting Lezen. Amsterdam: Stichting Lezen 2015.

Lindgren, Astrid: Das entschwundene Land. Hamburg: Oetinger 2007.

Linthout, Dik: Frau Antje und Herr Mustermann. Niederlande für Deutsche. 6., aktualisierte Aufl. Berlin: Ch. Links 2010.

Meer lezen, beter in taal. Feiten en cijfers. Hrsg. von der Stichting Lezen und Kunst van Lezen. Amsterdam: Stichting Lezen 2015.

Montfoort, Agnes van: De Nationale Voorleeswedstrijd: al jaren een voorleesfeest. In: De Nationale Voorleeswedstrijd. ›Voorlezen is samen veel leuker dan alleen‹. Hrsg. von der Stichting Lezen. Amsterdam: Stichting Lezen 2014, S. 3.

Samen! De Bibliotheek op school. Hrsg. von Kunst van Lezen. Amsterdam: Kunst van Lezen (Stichting Lezen/Koninklijke Bibliotheek) 2015.

Slim samenwerken loont. Een greep uit de resultaten van Taal voor het Leven na twee jaar in de regio. 2013 en 2014. Hrsg. von der Stichting Lezen & Schrijven. Den Haag: Stichting Lezen & Schrijven 2015.

Stiftung Lesen. Jahresbericht 2013. Berichtszeitraum 01.01.2013–31.12.2013. Hrsg. von der Stiftung Lesen. Mainz: Stiftung Lesen 2014.

Internetquellen

ARD/ZDF-Medienkommission: Mediennutzung. Durchschnittliche Nutzungsdauer der Medien 2014. In: Homepage der ARD/ZDF-Onlinestudie. 2014. URL: http://www.ard-zdf-onlinestudie.de/index.php?id=483 [30.12.2015].

Bibliotheek Noordwest Veluwe: Kinderboekenweek 7 t/m 18 oktober 2015. In: Homepage der Bibliotheek Noordwest Veluwe. 2015. URL: http:// www.bibliotheeknoordwestveluwe.nl/kinderboekenweek.html [9.1.2016].

Boekenweek 2015. In: Homepage der Bibliotheek Midden-Brabant vom
   6.2.2015. URL: http://www.bibliotheekmb.nl/nieuws/1502-feb/boeken-
   week-bij-de-bibliotheek-midden-brabant.html [9.1.2016].
Börsenverein des Deutschen Buchhandels: IG Leseförderung. In: Homepage des Börsenvereins des Deutschen Buchhandels. 2015. URL: http://
   www.boersenverein.de/de/portal/IG_Lesefoerderung/174247 [21.12.2015].
Börsenverein des Deutschen Buchhandels: Regeln. So funktioniert der
   Wettbewerb. In: Homepage des »Vorlesewettbewerbs«. 2016. URL:
   http://www.vorlesewettbewerb.de/wettbewerb/regeln.html [10.1.2016].
Börsenverein des Deutschen Buchhandels: Warum vorlesen? In: Homepage
   des »Vorlesewettbewerbs«. 2016. URL: http://www.vorlesewettbewerb.
   de/wettbewerb/ziele.html [10.1.2016].
Buchkäufer und -leser 2015. Profile, Motive, Einstellungen. Pressemappe.
   Hrsg. vom Börsenverein des Deutschen Buchhandels. Frankfurt am
   Main: Börsenverein des Deutschen Buchhandels 2015. URL: http://www.
   boersenverein.de/sixcms/media.php/1117/Buchk%C3%A4ufer_und_
   leser_2015_Pressemappe.pdf [30.12.2015].
Bundesverband Alphabetisierung und Grundbildung e. V.: ALFA-TELE-
   FON. In: Homepage des Bundesverbands Alphabetisierung und Grundbildung e. V. 2015. URL: http://www.alphabetisierung.de/kampagne/
   alfa-telefon.html [4.1.2016].
Bundesverband Alphabetisierung und Grundbildung e. V.: Aufsuchende
   Beratung am ALFA-Mobil. In: Homepage des Bundesverbands Alphabetisierung und Grundbildung e. V. 2015. URL: http://www.alphabetisie-
   rung.de/projekte.html [4.1.2016].
Bundesverband Alphabetisierung und Grundbildung e. V.: Seit 30 Jahren
   bundesweit aktiv. In: Homepage des Bundesverbands Alphabetisierung
   und Grundbildung e. V. 2014. URL: http://www.alphabetisierung.de/
   verband/der-verein.html [4.1.2016].
Bundesverband Alphabetisierung und Grundbildung e. V.: Unterrichtsmaterialien. In: Homepage des Bundesverbands Alphabetisierung und
   Grundbildung e. V. 2015. URL: http://www.alphabetisierung.de/service/
   downloads/unterricht.html [4.1.2016].
Cijfers en Letters 2005. Stichting Lezen & Schrijven. Hrsg. von der Stichting Lezen & Schrijven. Den Haag: Stichting Lezen & Schrijven 2006.
   URL: http://www.lezenenschrijven.nl/uploads/editor/Cijfers_en_Let-
   ters_2005_%28def%29. pdf [4.1.2016].

David Van Reybrouck schrijft Boekenweekessay 2016. Thema van de 81ste Boekenweek is Duitsland. In: Homepage der Stichting CPNB vom 11.6.2015. URL: http://web.cpnb.nl/actueelbericht.vm?ab=664 [9.1.2016].

European Literacy Policy Network: About us. In: Homepage von ELINET. 2015. URL: http://www.eli-net.eu/about-us/ [2.1.2016].

FC Groningen: Boekestafette. Arjen Robben en het geheim van zijn jonge helden. In: Homepage des FC Groningen. 2015. URL: http://www.fcgro-ningen.nl/home/boekestafette/ [2.1.2016].

Greiner, Lena: OECD-Bildungsstudie: Jeder sechste deutsche Erwachsene liest wie ein Zehnjähriger. In: Homepage von Spiegel Online. Uni-spiegel vom 8.10.2013. URL: http://www.spiegel.de/unispiegel/jobund-beruf/piaac-studie-erwachsene-in-deutschlandkoennen-schlecht-le-sen-a-926653.html [29.12.2015].

Grotlüschen, Anke/Riekmann,Wibke: leo. – Level-One Studie. Literalität von Erwachsenen auf den unteren Kompetenzniveaus. Presseheft. Hamburg: Universität Hamburg 2011. URL: http://www.alphabetisierung. de/fileadmin/files/Dateien/Downloads_Texte/leo-Presseheft-web.pdf [29.12.2015].

Jaaroverzicht 2013. Hrsg. von der Stichting Collectieve Propaganda van het Nederlandse Boek. Amsterdam: Stichting CPNB 2014. URL: http://web. cpnb.nl/engine/download/blob/cpnb/61970/2015/15/cpnbjaar2013_LR_ DEF.pdf?app=cpnb&class=8353&id=1758&field=61970 [8.1.2016].

Jaarverslag 2004. Hrsg. von der Stichting Lezen & Schrijven. Den Haag: Stichting Lezen & Schrijven 2004. URL: http://www.lezenenschrijven. nl/uploads/editor/Jaarverslag_Stichting_Lezen__Schrijven_2004.pdf [1.1.2016].

Jaarverslag 2014. Hrsg. von der Stichting Lezen & Schrijven. Den Haag: Stichting Lezen & Schrijven 2015. URL: http://www.lezenenschrijven.nl/ uploads/editor/jaarverslag_2014.pdf [1.1.2016].

JIM-Studie 2015. Jugend, Information, (Multi-) Media. Basisstudie zum Medienumgang 12- bis 19-Jähriger in Deutschland. Hrsg. vom Medien-pädagogischen Forschungsverbund Südwest. Stuttgart: Medienpädago-gischer Forschungsverbund Südwest 2015. URL: http://www.mpfs.de/ fileadmin/JIM-pdf15/JIM_2015.pdf [18.12.2015].

Kampagne, Campagne, die. In: Homepage des Dudenverlags. 2015. URL: http://www.duden.de/rechtschreibung/Kampagne [22.12.2015].

KIM-Studie 2014. Kinder + Medien, Computer + Internet. Basisuntersuchung zum Medienumgang 6- bis 13-Jähriger in Deutschland. Hrsg. vom Medienpädagogischen Forschungsverbund Südwest. Stuttgart: Medienpädagogischer Forschungsverbund Südwest 2015. URL: http://www.mpfs.de/fileadmin/KIM-pdf14/KIM14.pdf [17.12.2015].

Kunst van Lezen: Baby´s houden van boeken! In: Homepage des Projekts »BoekStart«. 2014. URL: http://bestellijst.boekstart.nl/wp-content/uploads/2014/03/BS-A4-NL-lr.pdf [6.1.2016].

Kunst van Lezen: Over Boekstart. In: Homepage des Projekts »BoekStart« für Profis. 2016. URL: http://boekstartpro.nl/page/7001/Over+BoekStart [7.1.2016].

Kurssuche. In: Homepage des Bundesverbands Alphabetisierung und Grundbildung e. V. 2015. URL: http://www.alphabetisierung.de/service/kurssuche.html [4.1.2016].

Leescoalitie: Wat doet de Leescoalitie? In: Homepage der Leescoalitie. 2015. URL: http://leescoalitie.nl/#wat-doet-de-leescoalitie [7.1.2016].

Leescoalitie: Wat is de Leescoalitie? In: Homepage der Leescoalitie. 2015. URL: http://leescoalitie.nl/#wat-is-de-leescoalitie [7.1.2016].

Leescoalitie: Wat wil de Leescoalitie? In: Homepage der Leescoalitie. 2015. URL: http://leescoalitie.nl/#wat-wil-de-leescoalitie [7.1.2016].

Leesmonitor: Leesprestaties volwassenen. In: Homepage von Leesmonitor (Eine Initiative von Stichting Lezen). 2015. URL: http://www.leesmonitor.nu/leesprestaties-volwassenen [28.12.2015].

Leesmonitor: Leestijd kinderen. In: Homepage von Leesmonitor (Eine Initiative von Stichting Lezen). 2015. URL: http://www.leesmonitor.nu/leestijd-kinderen [18.12.2015].

Leesmonitor: Voordelen verrijkte kinderboeken. In: Homepage von Leesmonitor (Eine Initiative von Stichting Lezen). 2015. URL: http://www.leesmonitor.nu/voordelen-verrijkte-kinderboeken [28.12.2015].

Leesmonitor: Voorleestijd. In: Homepage von Leesmonitor (Eine Initiative von Stichting Lezen). 2015. URL: http://www.leesmonitor.nu/voorleestijd [29.12.2015].

Leesmonitor: Vrij lezen. In: Homepage von Leesmonitor (Eine Initiative von Stichting Lezen). 2015. URL: http://www.leesmonitor.nu/vrij-lezen [24.12.2015].

Lesefertigkeit, die. In: Homepage des Dudenverlags. 2015. URL: http://www.duden.de/rechtschreibung/Lesefertigkeit [23.12.2015].

Lesekompetenz, die: In: Homepage des Dudenverlags. 2015. URL: http://
www.duden.de/rechtschreibung/Lesekompetenz [23.12.2015].

Mein Papa liest vor! Kostenloser Service für Unternehmen und Arbeitgeber.
Hrsg. von der Stiftung Lesen. Mainz: Stiftung Lesen 2014. URL: https://
www.stiftunglesen.de/download.php?type=documentpdf&id=1039
[9.1.2016].

Metz, Karlien: Geschiedenis van de Boekenweek. In: Homepage von IsGeschiedenis vom 14.3.2012. URL: http://www.isgeschiedenis.nl/nieuws/
geschiedenis_van_de_boekenweek/ [8.1.2016].

Passionate Bulkboek: Algemene informatie. Jonge Jury. In: Homepage des
Projekts »De Jonge Jury«. 2016. URL: http://www.jongejury.nl/Educatie/
Algemeneinformatie.aspx [6.1.2016].

Passionate Bulkboek: Over Passionate Bulkboek. In: Homepage von Passionate Bulkboek. 2016. URL: http://www.passionatebulkboek.nl/Organisa-
tie/OverPassionateBulkboek.aspx [6.1.2016].

Persbericht. Jonge Jury is van start! Dag van de Jonge Jury terug in Tivoli-
Vredenburg. In: Homepage des Projekts »De Jonge Jury« vom 8.10.2014.
URL: http://www.jongejury.nl/Portals/4/JJ/documenten/Persbericht%20
Jonge%20Jury%20is%20van%20start.pdf [6.1.2016].

PISA 2000. Zusammenfassung zentraler Befunde. Hrsg. von Cordula Artelt
u. a. Berlin: Max-Planck-Institut für Bildungsforschung 2001. URL:
https://www.mpib-berlin.mpg.de/Pisa/ergebnisse.pdf [20.12.2015].

Prinses Laurentien geeft startsein Stichting Lezen & Schrijven te Den Haag.
In: Homepage von Het Koninklijk Huis vom 27.5.2004. URL: http://
www.koninklijkhuis.nl/actueel/nieuws/2004/05/27/prinses-laurentien-
geeft-startsein-stichting-lezen-schrijven-te-den-haag [2.1.2016].

Rapportage GfK 36676 Boekenbranche Meting 31. 1e reguliere meting
van 2015 naar het kopen, lezen en lenen van boeken. Hrsg. von KVB –
Stichting Marktonderzoek Boekenvak/GfK. Hilversum: GfK 2015. URL:
http://www.kvb.nl/stream/smb-31-rapportage-pdf [26.12.2015].

Rheinland-Pfalz bei »Mein Papa liest vor!« besonders erfolgreich. In:
Homepage der Stiftung Lesen vom 28.9.2015. URL: https://www.stiftung-
lesen.de/pressebereich/pressemitteilungen/710 [9.1.2016].

Spaß am Lesen Verlag GmbH: Partner. In: Homepage des Spaß am Lesen
Verlags. 2016. URL: http://www.spassamlesenverlag.de/cms/website.
php?id=/de/index/derverlag/partner.htm [4.1.2016].

Spaß am Lesen Verlag GmbH: Wie entstehen Bücher in Einfacher Sprache?
In: Homepage des Spaß am Lesen Verlags. 2016. URL: http://www.spass-
amlesenverlag.de/cms/website.php?id=/einfachebuecher/entstehung.
htm [4.1.2016].

Stichting Collectieve Propaganda van het Nederlandse Boek: Activiteiten.
Activiteitenoverzicht. In: Homepage der Kampagne »Nederland Leest«.
2015. URL: http://www.nederlandleest.nl/activiteiten/ [9.1.2016].

Stichting Collectieve Propaganda van het Nederlandse Boek: Activiteiten.
Boekenweek bij u in de buurt. Boekenbal voor Lezers. In: Homepage der
Kampagne »Boekenweek«. 2015. URL: http://www.boekenweek.nl/acti-
viteiten/index.html [9.1.2016].

Stichting Collectieve Propaganda van het Nederlandse Boek: Alle campagnes. In: Homepage der Stichting CPNB. 2015. URL: http://web.cpnb.nl/
campagneoverzicht.vm?template=campagnes [9.1.2016].

Stichting Collectieve Propaganda van het Nederlandse Boek: Bestuur. In:
Homepage der Stichting CPNB. 2015. URL: http://web.cpnb.nl/index.
vm?sp=566 [8.1.2016].

Stichting Collectieve Propaganda van het Nederlandse Boek: Boekenweek.
In: Homepage der Stichting CPNB. 2015. URL: http://web.cpnb.nl/cam-
pagne.vm?c=175 [9.1.2016].

Stichting Collectieve Propaganda van het Nederlandse Boek: Boekenweek.
Uitgaven sinds 1930. In: Homepage der Stichting CPNB. 2015. URL:
http://web.cpnb.nl/cpnb/index.vm?pagina=85 [9.1.2016].

Stichting Collectieve Propaganda van het Nederlandse Boek: CPNB Top
100. In: Homepage der Stichting CPNB. 2015. URL: http://web.cpnb.nl/
campagne.vm?c=190 [9.1.2016].

Stichting Collectieve Propaganda van het Nederlandse Boek: De Bestseller
60. In: Homepage der Stichting CPNB. 2015. URL: http://web.cpnb.nl/
campagne.vm?c=18 [9.1.2016].

Stichting Collectieve Propaganda van het Nederlandse Boek: De Nationale
Voorleesdagen. In: Homepage der Stichting CPNB. 2015. URL: http://
web.cpnb.nl/campagne.vm?c=168 [6.1.2016].

Stichting Collectieve Propaganda van het Nederlandse Boek: Dolf Verroen
schrijft Kinderboekenweekgeschenk 2016. In: Homepage der Kampagne
»Kinderboekenweek«. 2015. URL: http://www.kinderboekenweek.nl/
dolf-verroen-schrijft-kinderboekenweekgeschenk-2016/ [9.1.2016].

Stichting Collectieve Propaganda van het Nederlandse Boek: Geschenkboek. Krijg het geschenkboek – geschreven door Simon de Waal – cadeau van uw boekverkoper in 2016. In: Homepage der Kampagne »Maand van het Spannende Boek«. 2015. URL: http://maandvanhetspannendeboek.nl/uitgaven-geschenk.html [9.1.2016].

Stichting Collectieve Propaganda van het Nederlandse Boek: Griffels, Penselen en Paletten. In: Homepage der Stichting CPNB. 2015. URL: http://web.cpnb.nl/campagne.vm?c=196 [9.1.2016].

Stichting Collectieve Propaganda van het Nederlandse Boek: Het korte verhaal. In: Homepage der Kampagne »Nederland Leest«. 2015. URL: http://www.nederlandleest.nl/het-korte-verhaal/ [9.1.2016].

Stichting Collectieve Propaganda van het Nederlandse Boek: Info Manuscripta 2015. In: Homepage der »Manuscripta«. 2015. URL: http://www.manuscripta.nl/info/ [9.1.2016].

Stichting Collectieve Propaganda van het Nederlandse Boek: Kinderboekenweek. In: Homepage der Stichting CPNB. 2015. URL: http://web.cpnb.nl/campagne.vm?c=189 [9.1.2016].

Stichting Collectieve Propaganda van het Nederlandse Boek: Kinderboekenweek. Uitgaven sinds 1955. In: Homepage der Stichting CPNB. 2015. URL: http://web.cpnb.nl/cpnb/index.vm?pagina=88 [9.1.2016].

Stichting Collectieve Propaganda van het Nederlandse Boek: Manuscripta. In: Homepage der Stichting CPNB. 2015. URL: http://web.cpnb.nl/campagne.vm?c=159 [9.1.2016].

Stichting Collectieve Propaganda van het Nederlandse Boek: Nederland Leest. In: Homepage der Stichting CPNB. 2015. URL: http://web.cpnb.nl/campagne.vm?c=161 [9.1.2016].

Stichting Collectieve Propaganda van het Nederlandse Boek: Nederland Leest op school. In: Homepage der Kampagne »Nederland Leest« zum 10-jährigen Bestehen. 2015. URL: http://nederlandleest.nl/10jaar/#school [9.1.2016].

Stichting Collectieve Propaganda van het Nederlandse Boek: Over CPNB. In: Homepage der Stichting CPNB. 2015. URL: http://web.cpnb.nl/index.vm [8.1.2016].

Stichting Collectieve Propaganda van het Nederlandse Boek: Spannende Boeken Weken. In: Homepage der Stichting CPNB. 2015. URL: http://web.cpnb.nl/campagne.vm?c=178 [9.1.2016].

Stichting Collectieve Propaganda van het Nederlandse Boek: Spannende
     Boeken Weken. Uitgaven sinds 1989. In: Homepage der Stichting CPNB.
     2015. URL: http://web.cpnb.nl/cpnb/index.vm?pagina=70 [9.1.2016].
Stichting Lezen: Bestuur. In: Homepage der Stichting Lezen. 2015. URL:
     http://www.lezen.nl/over-stichting-lezen/bestuur [5.1.2016].
Stichting Lezen: De Nationale Voorleeswedstrijd. In: Homepage der Stich-
     ting Lezen. 2015. URL: http://www.lezen.nl/de-nationale-voorleeswed-
     strijd [6.1.2016].
Stichting Lezen: Handleiding. Hoe werkt De Weddenschap? In: Homepage
     des Projekts »De Weddenschap«. 2015. URL: http://deweddenschap.nl/
     downloads/SL15002_Handleiding_DeWeddenschap-2015-16_V2.pdf
     [6.1.2016].
Stichting Lezen: Prikkels. In: Lezen. 9. Jg. (2014) Nr. 4. URL: http://www.
     lezen.nl/sites/default/files/Lezen4-2014_lr.pdf [19.11.2015], S. 18f.
Stichting Lezen: Vaderweek. In: Homepage der Kampagne »Vaders Voor
     Lezen«. 2015. URL: http://vadersvoorlezen.nl/2015/10/vaderweek-2/
     [8.1.2016].
Stichting Lezen: Voorleesontbijt 2015: Vaders Lezen Voor! In: Homepage
     der Kampagne »Vaders Voor Lezen«. 2015. URL: http://vadersvoorlezen.
     nl/2015/01/voorleesontbijt-2015-vaders-lezen-voor/ [8.1.2016].
Stichting Lezen & Schrijven: About us. In: Homepage von Public Libraries
     2020. 2014. URL: http://www.publiclibraries2020.eu/content/about-us
     [2.1.2016].
Stichting Lezen & Schrijven: Arjen Robben – Trilogie. In: Homepage der
     Stichting Lezen & Schrijven. 2015. URL: http://www.lezenenschrijven.nl/
     voorkomen/boekestafettes/arjen-robben-trilogie [2.1.2016].
Stichting Lezen & Schrijven: Boekestafettes. In: Homepage der Stichting
     Lezen & Schrijven. 2015. URL: http://www.lezenenschrijven.nl/voorko-
     men/boekestafettes [31.12.2015].
Stichting Lezen & Schrijven: Laaggeletterdheid. In: Homepage der Stichting
     Lezen & Schrijven. 2015. URL: http://www.lezenenschrijven.nl/feiten/
     laaggeletterdheid/ [29.12.2015].
Stichting Lezen & Schrijven: Laaggeletterdheid en gezondheid. In: Home-
     page der Stichting Lezen & Schrijven. 2015. URL: http://www.lezen-
     enschrijven.nl/hulp-bij-scholing/laaggeletterdheid-en-gezondheid
     [4.1.2015].

Stichting Lezen & Schrijven: Leeslicht. In: Homepage der Stichting Lezen & Schrijven. 2015. URL: http://www.lezenenschrijven.nl/voorkomen/lees-licht/ [4.1.2015].

Stichting Lezen & Schrijven: Nationale Bellijn Lezen & Schrijven. In: Homepage der Stichting Lezen & Schrijven. 2015. URL: http://www.lezenenschrijven.nl/hulp-bij-scholing/nationale-bellijn-lezen-schrijven/ [4.1.2015].

Stichting Lezen & Schrijven: Over ons. In: Homepage der Stichting Lezen & Schrijven. 2015. URL: http://www.lezenenschrijven.nl/over-ons [2.1.2016].

Stichting Lezen & Schrijven: Over Taal voor het Leven. In: Homepage des Projekts »Taal voor het Leven«. 2016. URL: https://taalvoorhetleven.nl/over-taal-voor-het-leven/het-programma/ [4.1.2016].

Stichting Lezen & Schrijven: Taal op de werkvloer. In: Homepage der Stichting Lezen & Schrijven. 2015. URL: http://www.lezenenschrijven.nl/hulp-bij-scholing/taal-werkt [3.1.2016].

Stichting Lezen & Schrijven: Taal voor thuis. In Homepage des Projekts »Taal voor het Leven«. 2013. URL: https://taalvoorhetleven.nl/nieuws/taal-voor-thuis [4.1.2016].

Stichting Lezen & Schrijven: Taalhuis. In Homepage des Projekts »Taal voor het Leven«. 2016. URL: https://taalvoorhetleven.nl/taalvrijwilliger/ondersteuning/taalhuis [4.1.2016].

Stichting Lezen & Schrijven: Taalmeter. In: Homepage der Stichting Lezen & Schrijven. 2015. URL: http://www.lezenenschrijven.nl/hulp-bij-scholing/taalmeter/ [3.1.2016].

Stichting Lezen & Schrijven: Taalverkenner. In: Homepage der Stichting Lezen & Schrijven. 2015. URL: http://www.lezenenschrijven.nl/hulp-bij-scholing/taalverkenner/ [3.1.2016].

Stichting Lezen & Schrijven: Taalzoeker. In: Homepage der Stichting Lezen & Schrijven. 2015. URL: http://www.lezenenschrijven.nl/hulp-bij-scholing/taalzoeker/ [3.1.2016].

Stichting Lezen & Schrijven: Vaders Voor Lezen Voorleesservice. In: Homepage der Stichting Lezen & Schrijven. 2015. URL: http://www.lezenen-schrijven.nl/uploads/editor/Vaders_Voor_Lezen_Voorleesservice.pdf [8.1.2016].

Stichting Lezen & Schrijven: Week van de Alfabetisering. In: Homepage der
     Stichting Lezen & Schrijven. 2015. URL: http://www.lezenenschrijven.nl/
     campagnes/week-van-de-alfabetisering [4.1.2016].
Stiftung Lesen: Buch-Gutschein-Aktion »Ich schenk dir eine Geschichte«.
     In: Homepage der Stiftung Lesen. 2015. URL: http://www.stiftunglesen.
     de/initiativen-und-aktionen/welttag-des-buches/buchaktion/ [10.1.2016].
Stiftung Lesen: Der Bundesweite Vorlesetag. Deutschlands größtes Vorlese-
     fest seit 2004. In: Homepage der Stiftung Lesen. 2015. URL: https://www.
     stiftunglesen.de/initiativen-und-aktionen/bundesweiter-vorlesetag/
     [10.1.2016].
Stiftung Lesen: Die Lesestart-Sets. In: Homepage der Stiftung Lesen.
     2015. URL: http://www.lesestart.de/ueber-lesestart/die-lesestart-sets/
     [10.1.2016].
Stiftung Lesen: EUREAD. European Task Force for Literacy and Reading
     Promotion. In: Homepage der Stiftung Lesen. 2015. URL: https://www.
     stiftunglesen.de/ueber-uns/internationales/euread [31.12.2015].
Stiftung Lesen: Hier erhalten Sie Ihr Lesestart-Set. In: Homepage der Stif-
     tung Lesen. 2015. URL: http://www.lesestart.de/ueber-lesestart/ausgabe-
     stellen/ [10.1.2016].
Stiftung Lesen: Lesestart – Drei Meilensteine für das Lesen. Das bundes-
     weite frühkindliche Leseförderprogramm. In: Homepage der Stiftung
     Lesen. 2015. URL: https://www.stiftunglesen.de/initiativen-und-aktio-
     nen/lesestart/ [10.1.2016].
Stiftung Lesen: Porträt. Aufgaben und Ziele der Stiftung Lesen. In: Home-
     page der Stiftung Lesen. 2015. URL: https://www.stiftunglesen.de/ueber-
     uns/portraet/ [10.1.2016].
Stiftung Lesen: Set I für Einjährige. Überblick über das gesamte Lese-
     start-Set I. In: Homepage der Stiftung Lesen. 2015. URL: http://www.
     lesestart.de/ueber-lesestart/die-lesestart-sets/lesestart-set-1/ [10.1.2016].
Terhell, Annemarie: Lezen om geraakt te worden. De Weddenschap. In:
     Lezen. 10. Jg. (2015) Nr. 2. URL: http://www.lezen.nl/sites/default/files/
     Lezen2-2015_lr.pdf [6.1.2016], S. 20f.
Tijd voor Taal. Doe ook mee aan de Week van de Alfabetisering. In: Home-
     page von de Koninklijke Bibliotheek vom 11.8.2015. URL: https://www.
     kb.nl/ob/nieuws/2015/tijd-voor-taal [4.1.2016].
Tolk- en Vertaalcentrum Nederland: De Week van de Alfabetisering
     is begonnen. In: Homepage des Tolk- en Vertaalcentrum Neder-

land vom 8.9.2015. URL: http://www.tvcn.nl/nl/blog/2015/9/8/ de-week-van-de-alfabetisering-is-begonnen/ [4.1.2016].

Uitgeverij Eenvoudig Communiceren: Over ons. In: Homepage des Verlags Eenvoudig Communiceren. 2015. URL: http://www.eenvoudigcommuniceren.nl/over-ons [4.1.2016].

Uitgeverij Kluitman Alkmaar BV: Arjen Robben en de finale van de Champions League. In: Homepage des Verlags Kluitman. 2015. URL: http://www.kluitman.nl/shop/arjen-robben-en-de-finale-van-de-championsleague/ [2.1.2016].

Ursachen und Gründe für die Nichtnutzung von Bibliotheken in Deutschland. Repräsentative Telefonbefragung von 1.301 Personen im Alter von 14 bis 75 Jahren. Hrsg. vom Deutschen Bibliotheksverband e. V. und der Stiftung Lesen. Berlin/Mainz: Deutscher Bibliotheksverband e. V. und Institut für Lese- und Medienforschung der Stiftung Lesen 2012. URL: https://www.stiftunglesen.de/download.php?type=documentpdf&id=632 [30.12.2015].

Vorlesestudie 2013: Neuvermessung der Vorleselandschaft. Repräsentative Befragung von Eltern mit Kindern im Alter von 2 bis 8 Jahren. Hrsg. von Stiftung Lesen, Deutsche Bahn und die ZEIT. Mainz: Institut für Lese- und Medienforschung der Stiftung Lesen 2013. URL: https://www.stiftunglesen.de/download.php?type=documentpdf&id=1064 [30.12.2015].

Werner, Julia: ALFA-Mobil geht in die Verlängerung. In: Homepage des Bundesverbands Alphabetisierung und Grundbildung e. V. vom 16.12.2015. URL: http://www.alphabetisierung.de/aktuelles/news/news-anzeigen/article/1108.html [4.1.2016].

Zoekresultaten voor ‹Leeslicht›. In: Homepage des Verlags Eenvoudig Communiceren. 2015. URL: http://www.eenvoudigcommuniceren.nl/catalogsearch/result/index/?p=1&q=Leeslicht [4.1.2016].

Audiovisuelle Quellen

Het leven van Lisa – Stichting Lezen en Schrijven. Im Auftrag der Stichting Lezen & Schrijven. Konzipiert und produziert von in60seconds. Musik und Voice-Over von De Geluiderij. Oktober 2011. Gesamtlänge: 2:30 min. URL: https://www.youtube.com/watch?v=vW7qAw5lNXA [2.1.2016].

Sonstige Quellen

Interview 1: Interview per E-Mail mit Herrn Luke Iseger, Kommunikationsberater bei der Stichting Lezen & Schrijven, 4. Dezember 2015.

Interview 2: Interview per E-Mail mit Frau Esther Scholten, Programmleiterin bei der Stichting Collectieve Propaganda van het Nederlandse Boek,
17. Dezember 2015.

Interview 3: Interview per E-Mail mit Frau Desirée van der Zander, Koordinatorin Kommunikation und PR bei der Stichting Lezen, 18. Dezember
2015.

Forschungsliteratur

Bakker, Niels: Digitaal lezen – wie doen het al? Een SMB-dieptestudie
naar het profiel van de e-boekenlezer en de leesbeleving van de e-reader, tablet en laptop. In: De aarzelende lezer over de streep. Recente
wetenschappelijke inzichten (Stichting Lezen reeks 22). Delft: Eburon
2013. URL: http://www.lezen.nl/sites/default/files/de%20aarzelende%20
lezer%20over%20de%20streep.pdf [28.12.2015], S. 349–385.

Bertschi-Kaufmann, Andrea: Offene Formen der Leseförderung. In: Lese-
kompetenz – Leseleistung – Leseförderung. Grundlagen, Modelle und
Materialien (Lehren lernen – Basiswissen für die Lehrerinnen- und
Lehrerbildung 1). Hrsg. von Andrea Bertschi-Kaufmann. 4. Aufl. Seelze/
Zug: Kallmeyer in Verbindung mit Klett; Klett und Balmer 2011, S. 165–
175.

Bittkow, Silke: Lesen. In: Das BuchMarktBuch. Der Literaturbetrieb in
Grundbegriffen (Rororo. Rowohlts Enzyklopädie 55672). Hrsg. von
Erhard Schütz u. a. 2., durchgesehene Aufl. Reinbek bei Hamburg:
Rowohlt Taschenbuch Verlag 2010, S. 197–203.

Bucher, Priska: Leseverhalten und Leseförderung. Zur Rolle von Schule,
Familie und Bibliothek im Medienalltag Heranwachsender. Diss. phil.
Universität Zürich 2003/2004. Zürich: Verlag Pestalozzianum 2004.

Buhrfeind, Anne u. a.: Leseförderung. In: Handbuch Lesen. Im Auftrag der
Stiftung Lesen und der Deutschen Literaturkonferenz. Hrsg. von Bodo
Franzmann u. a. München: Saur 1999, S. 471–518.

Cloïn, Mariëlle u. a.: Nederland in een dag. Tijdsbesteding in Nederland
vergeleken met die in vijftien andere Europese landen (SCP-publicatie
2011-30). Den Haag: Sociaal en Cultureel Planbureau 2011. URL: http://
www.scp.nl/dsresource?objectid=29049&type=org [29.12.2015].

Ehmig, Simone C.: Außerschulische Leseförderung. In: Lesen. Ein interdisziplinäres Handbuch. Hrsg. von Ursula Rautenberg und Ute Schneider. Berlin: De Gruyter 2015, S. 567–596.

Ehmig, Simone C./Reuter, Timo/Menke, Manuel: Das Potential von E-Readern in der Leseförderung. Mainz: Institut für Lese- und Medienforschung der Stiftung Lesen 2011. URL: https://www.stiftunglesen.de/download.php?type=documentpdf&id=562 [28.12.2015].

Feiten & cijfers geletterdheid. Overzicht van de gevolgen van laaggeletterdheid en opbrengsten van investeringen voor samenleving en individu. Hrsg. von der Stichting Lezen & Schrijven in Zusammenarbeit mit der Universität von Maastricht, ECBO, PWC und SEO. Den Haag: Stichting Lezen & Schrijven 2013.

Franken, Roos/Graaf, Iris de: Het belang van lezen, leesbevordering en Stichting Lezen. Onderzoek naar vijfentwintig jaar leesbevorderingsbeleid. Amsterdam: Stichting Lezen 2013.

Franzmann, Bodo: Selektives Leseverhalten nimmt zu. Lesestudien der Stiftung Lesen im Zeitvergleich. In: Lesen in Deutschland 2008. Eine Studie der Stiftung Lesen. Hrsg. von der Stiftung Lesen. Mainz: Stiftung Lesen 2009, S. 31–38.

Hiller, Helmut/Füssel, Stephan: Leseförderung. In: Wörterbuch des Buches. 7., grundlegend überarbeitete Aufl. Frankfurt am Main: Vittorio Klostermann 2006, S. 204f.

Hoffmann, Dagmar: Experteninterview. In: Qualitative Medienforschung. Ein Handbuch. Hrsg. von Lothar Mikros und Claudia Wegener. Konstanz: UVK 2005, S. 268–278.

Hurrelmann, Bettina: Leseförderung – eine Daueraufgabe. In: Mehr als ein Buch. Leseförderung in der Sekundarstufe I. Hrsg. von der Bertelsmann Stiftung. Gütersloh: Verlag Bertelsmann Stiftung 1996, S. 13–33.

Huysmans, Frank: Van woordjes naar wereldliteratuur. De leeswereld van kinderen van 7–15 jaar. Amsterdam/Den Haag: Stichting Lezen; Sectorinstituut Openbare Bibliotheken 2013. URL: http://www.lezen.nl/sites/default/files/vanwoordjesnaarwereldliteratuur_0.pdf [29.12.2015].

Keller-Loibl, Kerstin: Handbuch Kinder- und Jugendbibliotheksarbeit. Bad Honnef: Bock + Herchen 2009.

Keuneke, Susanne: Qualitatives Interview. In: Qualitative Medienforschung. Ein Handbuch. Hrsg. von Lothar Mikros und Claudia Wegener. Konstanz: UVK 2005, S. 254–267.

Kraaykamp, Gerbert: Leesbevordering door ouders, bibliotheek en school. Effecten en ontwikkelingen (Stichting Lezen reeks 3). Delft: Eburon 2002. URL: http://www.lezen.nl/sites/default/files/kraaijkamp.pdf [27.12.2015].

Mahling, Marina: Lesen und Schule. In: Lesen. Ein interdisziplinäres Handbuch. Hrsg. von Ursula Rautenberg und Ute Schneider. Berlin: De Gruyter 2015, S. 547–566.

Muratović, Bettina: Lesen und Familie. In: Lesen. Ein interdisziplinäres Handbuch. Hrsg. von Ursula Rautenberg und Ute Schneider. Berlin: De Gruyter 2015, S. 383–400.

Samen werken aan een sterke leescultuur. Beleidsvoornemens van Stichting Lezen voor de cultuurplanperiode 2013–2016. Hrsg. von Stichting Lezen. Amsterdam: Stichting Lezen 2012.

Schön, Erich: Lesen. In: Lexikon des gesamten Buchwesens. Band IV. Hrsg. von Severin Corsten u. a. 2., völlig neu bearbeitete Aufl. Stuttgart: Hiersemann 1995, S. 485–487.

Schram, Dick: De aarzelende lezer over de streep – verslag van een conferentie en het waarom ervan. In: De aarzelende lezer over de streep. Recente wetenschappelijke inzichten (Stichting Lezen reeks 22). Delft: Eburon 2013. URL: http://www.lezen.nl/sites/default/files/de%20aarzelende%20lezer%20over%20de%20streep.pdf [28.12.2015], S. 9–19.

Stichting Lezen: Begrippenlijst. In: Leesmonitor – Het Magazine. Onderzoek over lezen, leesbevordering en literatuureducatie. 1. Jg. (2015) Nr. 2, S. 20f.

Zitzlsperger, Rolf: Leseförderung. In: Lexikon des gesamten Buchwesens. Band IV. Hrsg. von Severin Corsten u. a. 2., völlig neu bearbeitete Aufl. Stuttgart: Hiersemann 1995, S. 479f.

EXPERTENINTERVIEWS

Interview 1: Luke Iseger (Stichting Lezen & Schrijven)
Per E-Mail erhalten am: 4.12.2015 um 9:28 Uhr

Naam: Luke Iseger
Functie bij Stichting Lezen & Schrijven: Communicatieadviseur
Hoe is de Stichting Lezen & Schrijven in detail ontstaan en wat was het idee erachter?
Hiervoor kan je het beste even het jaarverslag van 2004 erbij pakken. http://www.lezenenschrijven.nl/uploads/editor/Jaarverslag_Stichting_Lezen__Schrijven_2004.pdf. Daar staat het precies in.
Waarom is leesbevordering belangrijk?
Wij vinden leesbevordering belangrijk omdat het laaggeletterdheid kan voorkomen. Als kinderen opgroeien in een taalrijke omgeving, is de kans groter dat ze taal leuker vinden, dat ze minder moeite hebben met taal op school en dat ze later veel minder kans hebben om onder de noemer ‹laaggeletterd› te vallen. Nog veel meer hierover vind je op http://vadersvoorlezen.nl/over-voorlezen/onderzoek/#more-33.
Welke aspecten van leesbevordering vindt de Stichting Lezen & Schrijven bijzonder belangrijk en waarom?
Voor ons is met name belangrijk dat ouders zich beseffen dat taal heel belangrijk is in de opvoeding van hun kind. Je krijgt op latere leeftijd altijd te maken met taal. Op je werk (ook bij hele praktische beroepen zoals in de bouw), in het dagelijks leven en bij het voorlezen van je eigen kinderen. Als je lezen en schrijven niet goed beheerst, is het extreem moeilijk om mee te doen in de samenleving. Dat willen wij voorkomen, dit filmpje illustreert het veel beter https://www.youtube.com/watch?v=vW7qAw5lNXA.
Bevordert de stichting ook het lezen van digitale teksten of slechts het lezen van gedrukte boeken, kranten en tijdschriften? Wat zijn de reden ervoor?
Wij bevorderen lezen, vooral bij volwassenen en/of ouders. Of dat nu digitaal is of gedrukt, dat maakt ons niet uit. Wij vinden het ook belangrijk dat mensen hun computervaardigheden ontwikkelen. De overheid streeft ernaar om over een paar jaar al hun dienstverlening digitaal te leveren.

Hoe werkt de campagne »Moeite met lezen ofzo?« in detail?

Deze campagne is erop gericht om mensen bewust te maken dat voor veel Nederlanders lezen en schrijven niet iets vanzelfsprekends is. Dit heeft allerlei gevolgen voor hen, zoals dat ze een formulier niet kunnen invullen, of de tijden van de bus niet begrijpen. Dit is ook terug te zien in de campagne-uitingen. Dit geldt voor zoveel mensen, dat iedereen waarschijnlijk wel iemand kent die niet goed kan lezen of schrijven. Dus de campagne is ook een oproep om eens om je heen te kijken of je iemand kent en diegene te helpen naar een cursus. De stichting heeft de campagne ontwikkelt in huis, en deze is in pilot uitgerold. We zijn voornemens om deze te herhalen gezien de positieve resultaten van de pilot.

Welke campagne en welk project was ofwel is bijzonder succesvol en waarom?

De Week van de Alfabetisering is een van de langstlopende projecten die we organiseren. Ieder jaar doen er meer mensen mee om aandacht te vragen voor laaggeletterdheid en organiseren zij meer activiteiten. Zie ook het jaarverslag: http://www.lezenenschrijven.nl/uploads/editor/jaarverslag_2014.pdf.

Welke campagne en welk project is voor de Stichting Lezen & Schrijven het belangrijkst en waarom?

Het grootste project dat wij uitvoeren is het ondersteuningsprogramma Taal voor het Leven. Wat dit precies allemaal inhoud vind je op www.taalvoorhetleven.nl. In het nieuwe plan van de overheid genaamd Tel mee met Taal, staat ook dat het programma Taal voor het Leven uitgebreid gaat worden.

Hoe groot is de reikwijdte van de Stichting Lezen & Schrijven? Welke mensen bereikt u?

Kijk bijvoorbeeld eens op pagina 20 van het jaarverslag 2014.

Is er een verschil tussen de campagnes, d. w. z. zijn sommige campagnes beperkt tot bepaalde steden of regio´s?

Ja, sommige campagnes worden lokaal ingezet. Dit hangt samen met (lokale) doelstellingen. Want niet iedere regio in NL heeft dezelfde kenmerken als het gaat om de groep laaggeletterden of samenwerkende partners. Daarnaast zetten we onze beperkte campagnemiddelen daar in waar reeds de infrastructuur is om laaggeletterden daadwerkelijk oplossingen te bieden. Vanuit Taal voor het Leven dragen we ook bij aan het creëren van de benodigde infrastructuur.

Bij enkele campagnes werkt u samen met Stichting Lezen en/of Stichting Collectieve Propaganda van het Nederlandse Boek. Wat leidde tot deze samenwerking?

Lezen verrijkt levens en opent deuren. Het is een absolute voorwaarde om mee te kunnen doen in de maatschappij. Zonder basis van leesvaardigheid neemt ook het lezen van (e)boeken af. Vanuit die gedachte is het initiatief genomen tot samenwerking in een Leescoalitie tussen de organisaties die landelijk een taak te vervullen hebben op het gebied van taal- en leesbevordering. Zij bundelen hun krachten om zoveel mogelijk mensen aan te zetten tot lezen en voorlezen.

Bestaat er een connectie tussen de Stichting Lezen & Schrijven en de overheid en indien ja, hoe ziet die eruit?

Ja, de overheid subsidieert ons om bepaalde projecten uit te voeren.

Welke succesfactoren van leesbevordering bestaan er?

Een omgeving waar je veel in aanraking komt met taal. Dus zowel op school als thuis.

Ik ben het er mee eens, dat dit interview in de bachelorscriptie van Sabrina Holitzner wordt gebruikt (Ich bin damit einverstanden, dass dieses Interview in der Bachelorarbeit von Sabrina Holitzner verwendet wird): ja.

Übersetzung des Interviews mit Luke Iseger (Stichting Lezen & Schrijven) von Sabrina Holitzner:

Name: Luke Iseger
Funktion bei der Stichting Lezen & Schrijven: Kommunikationsberater
Wie ist die Stichting Lezen & Schrijven im Detail entstanden und was war die Idee dahinter?

Dafür kannst du am besten kurz den Jahresbericht von 2004 dazunehmen. http://www.lezenenschrijven.nl/uploads/editor/Jaarverslag_Stichting_ Lezen__Schrijven_2004.pdf. Da steht es genau drin.

Warum ist Leseförderung bedeutsam?

Wir finden Leseförderung bedeutsam, weil sie funktionalem Analphabetismus vorbeugen kann. Wenn Kinder in einer sprachreichen Umgebung aufwachsen, ist die Chance größer, dass sie Sprache schöner finden, dass sie weniger Schwierigkeiten mit Sprache in der Schule haben und dass sie später viel weniger Gelegenheiten haben, um unter den Nenner »funktional

analphabetisch« zu fallen. Noch viel mehr darüber findest du auf http://
vadersvoorlezen.nl/over-voorlezen/onderzoek/#more-33.

Welche Aspekte der Leseförderung sind der Stichting Lezen & Schrijven besonders wichtig und warum?

Für uns ist es besonders wichtig, dass Eltern erkennen, dass Sprache bei der Erziehung ihres Kindes sehr wichtig ist. Man hat im fortgeschrittenen Alter immer mit Sprache zu tun: auf der Arbeit (auch bei sehr praktischen Berufen wie auf dem Bau), im täglichen Leben und beim Vorlesen der eigenen Kinder. Wenn man Lesen und Schreiben nicht gut beherrscht, ist es extrem schwierig, an der Gesellschaft teilzuhaben. Dem wollen wir vorbeugen. Dieser Film illustriert es viel besser: https://www.youtube.com/watch?v=vW7qAw5lNXA.

Fördert die Stiftung auch das Lesen von digitalen Texten oder nur das Lesen von gedruckten Büchern, Zeitungen und Zeitschriften? Was sind die Gründe dafür?

Wir fördern Lesen, vor allem bei Erwachsenen und/oder Eltern. Ob das nun digital ist oder gedruckt, das macht uns nichts aus. Wir finden es auch wichtig, dass Menschen ihre Computerfertigkeiten ausbauen. Die Regierung strebt an, ihre Dienstleistungen in ein paar Jahren digital zu liefern.

Wie funktioniert die Kampagne »Moeite met lezen ofzo?« (Schwierigkeiten mit Lesen oder so?) im Detail?

Diese Kampagne ist darauf gerichtet, Menschen bewusst zu machen, dass für viele Niederländer Lesen und Schreiben nichts Selbstverständliches ist. Das hat daher viele Folgen für sie, so zum Beispiel, dass sie ein Formular nicht ausfüllen können oder die Abfahrtzeiten des Busses nicht verstehen. Das zeigt sich auch an den Werbematerialien der Kampagne. Es gilt für so viele Menschen, dass jeder wahrscheinlich doch jemanden kennt, der nicht gut lesen oder schreiben kann. Daher ist die Kampagne auch ein Aufruf, sich einmal umzuschauen, ob man jemanden kennt und dem- oder derjenigen bei der Findung eines Kurses zu helfen. Die Stiftung hat die Kampagne im Haus entwickelt und sie als Pilotprojekt gestartet. Wir haben vor, diese in Anbetracht der positiven Resultate des Pilotprojekts zu wiederholen.

Welche Kampagne und welches Projekt war bzw. ist besonders erfolgreich und warum?

Die »Week van de Alfabetisering« (Woche der Alphabetisierung) ist eines der langfristigsten Projekte, die wir organisieren. Jedes Jahr machen mehr Menschen mit, bitten um Aufmerksamkeit für funktionalen Analphabetismus und organisieren mehr Aktivitäten. Siehe auch im Jahresbericht: http://www.lezenenschrijven.nl/uploads/editor/jaarverslag_2014.pdf.

Welche Kampagne und welches Projekt ist der Stichting Lezen & Schrijven am wichtigsten und warum?

Das größte Projekt, das wir durchführen, ist das Unterstützungsprogramm Taal voor het Leven (Sprache für das Leben). Was das alles genau beinhaltet, findest du unter www.taalvoorhetleven.nl. Im neuen Plan der Regierung namens Tel mee met Taal (Zähle mit Sprache dazu) steht auch, dass das Programm erweitert wird.

Wie groß ist die Reichweite der Stichting Lezen & Schrijven? Welche Menschen erreichen Sie?

Schaue beispielsweise einmal auf Seite 20 des Jahresberichts von 2014.

Gibt es Unterschiede bei den einzelnen Kampagnen, d. h. sind manche auf bestimmte Städte oder Regionen beschränkt?

Ja, manche Kampagnen werden örtlich eingesetzt. Das hängt mit (örtlichen) Zielen zusammen, denn nicht jede Region in den Niederlanden hat dieselben Merkmale, wenn es um die Anzahl funktionaler Analphabeten oder zusammenarbeitende Partner geht. Außerdem setzen wir unsere begrenzten Kampagnenmittel da ein, wo schon Infrastruktur vorhanden ist, um funktionalen Analphabeten effektiv Lösungen zu bieten. Von Taal voor het Leven aus tragen wir auch zum Schaffen der benötigten Infrastruktur bei.

Bei einigen Kampagnen arbeiten Sie mit der Stichting Lezen oder der Stichting Collectieve Propaganda van het Nederlandse Boek zusammen. Wie kam es zu dieser Kooperation?

Lesen bereichert das Leben und öffnet Türen. Es ist eine unbedingte Voraussetzung, um an der Gesellschaft teilzuhaben. Ohne die Basis von Lesekompetenz nimmt auch das Lesen von (E-)Büchern ab. Aus diesem Gedanken heraus ist die Initiative ergriffen worden, um in einer Lesekoalition zwischen den Organisationen, die landesweit eine Aufgabe auf dem Gebiet von Sprach- und Lesekompetenz zu erfüllen haben, zusammenzuarbeiten. Sie bündeln ihre Kräfte, um so viele Menschen wie möglich zum Lesen und Vorlesen anzuregen.

Gibt es eine Verbindung zwischen der Stichting Lezen & Schrijven und der Regierung und falls ja, wie sieht die aus?

Ja, die Regierung subventioniert uns, um bestimmte Projekte durchzuführen.

Welche Erfolgsfaktoren für Leseförderung gibt es?

Eine Umgebung, in der man viel mit Sprache in Berührung kommt, also sowohl in der Schule als auch zu Hause.

Ich bin damit einverstanden, dass dieses Interview in der Bachelorarbeit von Sabrina Holitzner verwendet wird: ja

Interview 2: Esther Scholten (Stichting Collectieve Propaganda van het Nederlandse Boek)
Per E-Mail erhalten am: 17.12.2015 um 14.49 Uhr

Naam: Esther Scholten
Functie bij Stichting Collectieve Propaganda van het Nederlandse Boek: Hoofd afdeling Denken[1]
Waarom werd de Commissie voor Propaganda van het Nederlandse Boek 1930 opgericht? Wat was het idee erachter?
Het werd indertijd opgericht om het lezen te stimuleren. De radio die in die tijd opgang maakte, werd als een mogelijk 'bedreiging' van het lezen gezien.
Wat heeft ertoe geleid dat uit de Commissie voor Propaganda van het Nederlandse Boek 1983 de stichting Collectieve Propaganda van het Nederlandse Boek is ontstaan?
De stichting is in 1983 opgericht door de overkoepelende organisaties van uitgevers en boekverkopers: de Nederlandse Boekverkopersbond (NBb) – thans Koninklijke Boekverkopersbond (KBb) – en de Groep Algemene Uitgevers (GAU) van het Nederlands Uitgeversverbond.
Hoe veel medewerkers heeft de stichting CPNB?
Er werken 37 mensen, waarvan 16 in deeltijd.
Hoe is de stichting CPNB georganiseerd?
We zijn een stichting en hebben een tweekoppige directie voor de dagelijkse leiding en een overkoepelend bestuur bestaande uit mensen uit de drie pijlers van de CPNB: uitgevers, boekverkopers en bibliotheken.

---

1 Ergänzung von Maud Aarsen, Pressesprecherin bei Stichting Collectieve Propaganda van het Nederlandse Boek (sie hat das Interview mit Esther Scholten vermittelt), per E-Mail am 18.12.2015 um 09:15 Uhr: »Wij hebben een structuur waarbij alle afdelingen met een D beginnen. Ik als persvoorlichter val onder de afdeling Delen (het delen van informatie). Denken is de afdeling (overigens een afdeling die alleen uit Esther bestaat) die de grote lijnen uitzet en zorgt dat deze vervolgens worden ondergebracht bij verschillende projectmedewerkers binnen de organisatie. Haar functie heette voor de D-structuur programmaleider, zo zou je het ook kunnen noemen.«

Waarom is leesbevordering belangrijk?

De CPNB ziet het boek als voortbrengsel van cultuur, als bewaarplek van cultureel erfgoed, als hoeder van traditie, als motor van vernieuwing. Maar ook als bevorderaar van mondigheid of andere deugden van de democratie. Kortom, lezen is in de ogen van de CPNB een voorwaarde om mee te kunnen komen in de maatschappij.

De stichting CPNB bevordert ook het lezen van digitale teksten. Wat zijn de reden ervoor?

Het doel van de CPNB is om het boekenbezit (leen en koop) te promoten, daar vallen de digitale boeken ook onder. Daarnaast gaat het de CPNB om het lezen van verhalen. De vorm waarin dat gebeurt bepaalt de lezer zelf. Daarom worden er bij de papieren boeken die de CPNB maakt, zoals het Boekenweekgeschenk, ook een luisterboek en een e-boek gemaakt.

Welke campagne was ofwel is bijzonder succesvol en waarom?

De Kinderboekenweek en de Boekenweek zijn beide succesvol om een aantal redenen. Zo is het aantal participerende klanten van de CPNB (namelijk de boekhandels en bibliotheken) hierbij het grootst. Bij de Kinderboekenweek doen meer dan 90% van de basisscholen mee. Daarnaast hebben beide campagnes gezorgd voor meer omzet in de winkels in de betreffende periode, vergeleken met de periode ervoor. Bovendien blijkt uit merkenonderzoek onder publiek dat de Kinderboekenweek het meest bekende merk is van de CPNB en daarna de Boekenweek.

Welke campagne is voor de stichting CPNB het belangrijkst en waarom?

De CPNB heeft vijf campagnes die voor haar het belangrijkst zijn: de Boekenweek, de Kinderboekenweek, Nederland Leest, Maand van het Spannende Boek (die vanaf volgend jaar de Spannende Boeken Weken gaat heten) en een campagne waarbij non-fictie centraal staat (informatieve boeken). Deze vijf campagnes zijn opgenomen in een convenant waarbij de drie bloedgroepen van de CPNB (boekhandels, uitgeverijen en bibliotheken) driejaarlijks afspraken opnemen over de te volgen koers van de CPNB. De consequenties is dat deze vijf campagnes in ieder geval uitgevoerd moeten worden en dat de gelden die vanuit de drie bloedgroepen komen hieraan gespendeerd moeten worden.

De campagnes zullen zich zelf financieren. Hoe ziet dat in detail eruit?

In principe is het zo dat de producten en materialen die per campagne ontwikkeld worden, worden ingekocht door boekhandel en bibliotheek. Uitgevers adverteren daarnaast in campagne-uitingen zoals magazines. Beide zijn dus inkomsten voor de campagne en die moeten wegvallen tegen de productiekosten van de campagne uitingen.

Hoe groot is de reikwijdte van de stichting CPNB? Welke mensen bereikt u?

Het genereren van free publicity is een van de belangrijkste doelen van de CPNB-campagnes. De CPNB heeft namelijk geen budget om grootschalige advertentiecampagnes in te kopen. De evenementen die wij organiseren zijn voornamelijk bedoeld om publiciteit mee te verkrijgen (denk aan het Boekenbal) van een zo'n groot mogelijk en brede doelgroep. De grootste campagnes van de CPNB zoals de Boekenweek, de Kinderboekenweek en Nederland Leest trekken dan ook ongelooflijk veel landelijke publiciteit. Waar bij de meeste activiteiten waarover media berichten de regel van exclusiviteit gehanteerd wordt ('als medium x er aandacht aan besteedt, dan haakt media y af), gaat voor deze campagnes nauwelijks op. Ook de regionale aandacht valt niet te onderschatten.

Over het algemeen zijn de CPNB-campagnes gericht op een zo'n groot en breed mogelijke doelgroep, maar per campagne(onderdeel) worden ook aparte doelgroepen gedefinieerd. Bijvoorbeeld: de Boekenweek is voornamelijk gericht op literatuur en de mensen die hierin geïnteresseerd zijn. Door aparte educatieve activiteiten te ontwikkelen proberen we ook de bovenbouw van de middelbare school te bereiken (literatuur en ckv-onderwijs).

Is er een verschil tussen de campagnes, d. w. z. zijn sommige campagnes beperkt tot bepaalde steden of regio´s?

Alle campagnes worden landelijk ingezet, soms met een regionale tint zoals in de laatste Nederland Leest campagne, waarbij iedere provincie een eigen katern met korte verhalen had. Daarnaast zijn er de publieksevenementen het Boekenbal voor Lezers en Manuscripta die ieder jaar van locatie wisselen. Desalniettemin wordt hiervoor landelijk publiciteit gemaakt.

Welk budget staat de stichting CPNB ter beschikking per jaar?

Afgelopen jaar 7 miljoen euro.

Wie is er betrokken bij de financiering?

De overkoepelende organisaties van boekverkopers, uitgevers en bibliotheken zijn de Koninklijke Boekverkopersbond (KBb), de Groep Algemene Uitgevers (GAU) van het Nederlands Uitgeversverbond en de Vereniging van Openbare Bibliotheken (VOB). De drie organisaties verschaffen de Stichting CPNB jaarlijks een basisbudget van 1,2 miljoen. Deze inkomsten uit de eigen branche werden aangevuld met opbrengsten uit sponsorovereenkomsten zoals NBD Biblion en NS.

Bestaat er een connectie tussen de stichting CPNB en de overheid en indien ja, hoe ziet die eruit?

Er is overleg met OC&W onder andere op het gebied van de Wet op de Vaste Boekenprijs. Daarnaast is CPNB onderdeel van de Leescoalitie en de Leescoalitie heeft veel contact met OC&W. Er loopt geen directe financieringslijn tussen OC&W en de CPNB.

Welke succesfactoren van leesbevordering bestaan er?

Zie de site van Stichting Lezen:

http://www.lezen.nl/succesfactoren-voor-leesbevordering.

»De succesfactoren dragen bij aan het opdoen van positieve leeservaringen, waardoor een positieve lees attitude ontstaat, en vervolgens ook het leesgedrag en de leesvaardigheid worden gestimuleerd.«

Stichting Lezen benoemt 8 succesfactoren:

1. Boekenaanbod
2. Ondersteunende rol van de professional (pedagogisch medewerker, bibliothecaris, docent)
3. Stimulerende rol ouders en vrienden
4. Tijd en aandacht om te lezen: een rustige plek en een rustig moment
5. Voorlezen
6. Vrij lezen
7. Praten over boeken
8. Differentiatie

Ik ben het er mee eens, dat dit interview in de bachelorscriptie van Sabrina Holitzner wordt gebruikt (Ich bin damit einverstanden, dass dieses Interview in der Bachelorarbeit von Sabrina Holitzner verwendet wird): Ja

Übersetzung des Interviews mit Esther Scholten (Stichting Collectieve Propaganda van het Nederlandse Boek) von Sabrina Holitzner:

Name: Esther Scholten

Funktion bei der Stichting Collectieve Propaganda van het Nederlandse Boek: Hauptabteilung Denken[2]

Warum wurde die Commissie voor Propaganda van het Nederlandse Boek 1930 gegründet? Was war die Idee dahinter?

Sie wurde damals gegründet, um das Lesen zu fördern. Das Radio, das in dieser Zeit im Kommen war, wurde als eine mögliche »Bedrohung« des Lesens gesehen.

Was hat dazu geführt, dass aus der Commissie voor Propaganda van het Nederlandse Boek 1983 die Stichting Collectieve Propaganda van het Nederlandse Boek entstanden ist?

Die Stiftung wurde 1983 von den Dachverbänden der Verleger und Buchhändler gegründet: dem Nederlandse Boekverkopersbond (NBb) (Niederländischen Buchhändlerverband) – heute Koninklijke Boekverkopersbond (KBb) (Königlicher Buchhändlerverband) – und der Groep Algemene Uitgevers (GAU) (Gruppe Allgemeiner Verleger) des Nederlands Uitgeversverbond (Niederländischen Verlegerverbands).

Wie viele Mitarbeiter hat die Stichting CPNB?

Dort arbeiten 37 Menschen, davon 16 in Teilzeit.

Wie ist die Stichting CPNB organisiert?

Wir sind eine Stiftung und haben eine zweiköpfige Direktion für die tägliche Leitung und eine übergreifende Leitung, die aus Menschen der drei Pfeiler der CPNB besteht: Verleger, Buchhändler und Bibliotheken.

Warum ist Leseförderung bedeutsam?

Die CPNB sieht das Buch als Kulturprodukt, als Bewahrungsort des kulturellen Erbguts, als Hüter von Tradition, als Motor von Erneuerung, aber auch als Förderer von Mündigkeit und anderen Tugenden der Demokratie.

---

2   Ergänzung von Maud Aarsen, Pressesprecherin bei Stichting Collectieve Propaganda van het Nederlandse Boek (sie hat das Interview mit Esther Scholten vermittelt), per E-Mail am 18.12.2015 um 09:15 Uhr: »Wir haben eine Struktur, bei der alle Abteilungen mit einem D beginnen. Ich als Pressesprecherin falle unter die Abteilung Teilen (das Teilen von Information). Denken ist die Abteilung (übrigens eine Abteilung, die allein aus Esther besteht), die den strategischen Plan vorgibt und dafür sorgt, dass dieser dann von den verschiedenen Projektmitarbeitern innerhalb der Organisation ausgeführt wird. Ihre Funktion hieß vor der D-Struktur Programmleiterin, so könntest du es auch nennen.«

Kurzum, Lesen ist in den Augen der CPNB eine Voraussetzung, um an der Gesellschaft teilhaben zu können.

Die Stichting CPNB fördert auch das Lesen von digitalen Texten. Was sind die Gründe dafür?

Das Ziel von der CPNB ist es, den Buchbesitz (Leihen und Kaufen) zu promoten. Darunter fallen auch digitale Bücher. Außerdem geht es der CPNB um das Lesen von Geschichten. Über die Form, in der das erfolgt, entscheidet der Leser selbst. Deshalb werden neben den gedruckten Büchern, die die CPNB macht, wie das Boekenweekgeschenk (Buchwochengeschenk), auch ein Hörbuch und ein E-Book gemacht.

Welche Kampagne war bzw. ist besonders erfolgreich und warum?

Die Kinderboekenweek (Kinderbuchwoche) und die Boekenweek (Buchwoche) sind beide erfolgreich wegen einer Menge von Gründen. So ist die Anzahl von teilnehmenden Kunden von der CPNB (nämlich die Buchhandlungen und Bibliotheken) hierbei am größten. Bei der Kinderboekenweek machen mehr als 90% der Grundschulen mit. Außerdem haben beide Kampagnen für mehr Umsatz in den Geschäften im entsprechenden Zeitraum im Vergleich zum Zeitraum davor gesorgt. Darüber hinaus geht aus Marktuntersuchungen in der Öffentlichkeit hervor, dass die Kinderboekenweek das bekannteste Markenzeichen der CPNB ist und danach die Boekenweek.

Welche Kampagne ist der Stichting CPNB am wichtigsten und warum?

Die CPNB hat fünf Kampagnen, die für sie am wichtigsten sind: die Boekenweek, die Kinderboekenweek, Nederland Leest (die Niederlande lesen), Maand van het Spannende Boek (Monat des Krimis) (der wird ab nächstem Jahr Spannende Boeken Weken [Krimiwochen] heißen) und eine Kampagne, bei der nicht-fiktionale Texte (Sachbücher) im Mittelpunkt stehen. Diese fünf Kampagnen wurden in eine Vereinbarung aufgenommen, wobei die drei Blutgruppen der CPNB (Buchhandlungen, Verlage und Bibliotheken) alle drei Jahre die Gespräche über den zu folgenden Kurs der CPNB aufnehmen. Die Folge ist, dass diese fünf Kampagnen auf jeden Fall durchgeführt werden müssen und dass die Gelder, die aus den drei Blutgruppen kommen, dafür verwendet werden müssen.

Die Kampagnen sollen sich selbst finanzieren. Wie sieht das im Detail aus?

Im Prinzip ist es so, dass die Produkte und Materialien, die pro Kampagne entwickelt werden, durch Buchhandel und Bibliothek eingekauft werden. Verleger inserieren außerdem in Werbematerialien der Kampagnen, wie zum Beispiel Magazinen. Beides sind also Einnahmen für die Kampagnen und die müssen die Produktionskosten der Werbematerialien der Kampagnen decken.

Wie groß ist die Reichweite der Stichting CPNB? Welche Menschen erreichen Sie?

Das Generieren von kostenloser Werbung ist eines der wichtigsten Ziele der CPNB-Kampagnen. Die CPNB hat nämlich kein Budget, um im großen Stil Anzeigenkampagnen zu schalten. Die Veranstaltungen, die wir organisieren, sind vor allem dazu gedacht, eine möglichst große Zielgruppe innerhalb der Bevölkerung zu erreichen (denke an den Boekenbal [Bücherball]). Die größten Kampagnen der CPNB, wie die Boekenweek, die Kinderboekenweek und Nederland Leest, sorgen dann auch für unglaublich viel landesweite Öffentlichkeit. Wo bei den meisten Aktivitäten, worüber die Medien berichten, die Regel von Exklusivität gilt (wenn Medium x dem Aufmerksamkeit schenkt, dann springt Medium y ab), trifft dies bei diesen Kampagnen kaum zu. Auch die regionale Aufmerksamkeit ist nicht zu unterschätzen.

Im Allgemeinen richten sich die CPNB-Kampagnen an eine so große und so breite Zielgruppe wie möglich, aber pro Kampagne(nteil) werden auch separate Zielgruppen definiert. Zum Beispiel: Die Boekenweek richtet sich insbesondere an Literatur und die Menschen, die sich dafür interessieren. Durch die Entwicklung von separaten erzieherischen Aktivitäten versuchen wir auch die Oberstufe der weiterführenden Schulen zu erreichen (Unterricht in Literatur sowie Kultureller und Künstlerischer Bildung).

Gibt es Unterschiede bei den einzelnen Kampagnen, d. h. sind manche auf bestimmte Städte oder Regionen beschränkt?

Alle Kampagnen werden landesweit eingesetzt, manchmal mit einer regionalen Färbung, wie zum Beispiel in der letzten Nederland Leest-Kampagne, bei der jede Provinz ein eigenes Heft mit Kurzgeschichten hatte. Außerdem gibt es die Publikumsveranstaltungen Boekenbal voor Lezers (Bücherball für Leser) und Manuscripta, die jedes Jahr den Veranstaltungsort wechseln. Trotzdem wird dafür landesweite Werbung gemacht.

Welches Budget hat die Stichting CPNB jährlich zur Verfügung?

Letztes Jahr 7 Millionen Euro.

Wer ist an der Finanzierung beteiligt?

Die Dachverbände von Buchhändlern, Verlegern und Bibliotheken sind der Koninklijke Boekverkopersbond (KBb), die Groep Algemene Uitgevers (GAU) des Nederlands Uitgeversverbond und die Vereniging van Openbare

Bibliotheken (VOB) (Verband Öffentlicher Bibliotheken). Die drei Organisationen verschaffen der Stichting CPNB jährlich ein Basisbudget von 1,2 Millionen Euro. Diese Einnahmen aus der eigenen Branche werden ergänzt mit Einnahmen aus Sponsorenverträgen, wie zum Beispiel mit NBD Biblion (Nederlandse Bibliotheek Dienst; Niederländischer Bibliotheksdienst) und NS (Nederlandse Spoorwegen; Niederländische Eisenbahnen).

Gibt es eine Verbindung zwischen der Stichting CPNB und der Regierung und falls ja, wie sieht die aus?

Es gibt Beratungen mit dem OC & W (Ministerie van Onderwijs, Cultuur en Wetenschap; Ministerium für Bildung, Kultur und Wissenschaft), u. a. in Bezug auf das Buchpreisbindungsgesetz. Außerdem ist die CPNB Teil der Leescoalitie (Lesekoalition) und die Leescoalitie hat viel Kontakt mit dem OC & W. Es gibt keine direkte Finanzierungslinie zwischen dem OC & W und der CPNB.

Welche Erfolgsfaktoren für Leseförderung gibt es?

Siehe Webseite der Stichting Lezen:

http://www.lezen.nl/succesfactoren-voor-leesbevordering.

»Die Erfolgsfaktoren tragen zum Erwerb positiver Leseerfahrungen bei, wodurch eine positive Einstellung zum Lesen entsteht und des Weiteren auch das Leseverhalten und die Lesekompetenz gefördert werden.«

Stichting Lezen benennt 8 Erfolgsfaktoren:

1. Buchangebot
2. Unterstützende Rolle von Profis (pädagogischer Mitarbeiter, Bibliothekar, Lehrer)
3. Fördernde Rolle Eltern und Freunde
4. Zeit und Aufmerksamkeit für das Lesen: ein ruhiger Ort und ein ruhiger Moment
5. Vorlesen
6. Freies Lesen
7. Über Bücher sprechen
8. Differenzierung

Ich bin damit einverstanden, dass dieses Interview in der Bachelorarbeit von Sabrina Holitzner verwendet wird: Ja

Interview 3: Desirée van der Zander (Stichting Lezen)
Per E-Mail erhalten am: 18.12.2015 um 20:45 Uhr

Naam: Desirée van der Zander
Functie bij Stichting Lezen: Coördinator Communicatie en PR
Hoe is de Stichting Lezen in detail ontstaan en wat was het idee erachter?
Stichting Lezen is in 1988 opgericht door drie partijen: de Koninklijke
Nederlandse Uitgeversbond, de Nederlandse Boekverkopersbond, het
Nederlands Bibliotheek en Lektuur Centrum (later Sector Instituut Openbare Bibliotheken dat sinds 2014 weer is opgegaan in de Koninklijke Bibliotheek). De gedachte achter de oprichting van Stichting Lezen was dat juist
een 'publiek-private samenwerking tussen uitgevers, boekhandels en biblio-
theekwerk het tij (van de ontlezing) zou kunnen keren. Zie ook pagina 13 en
volgende in scriptie van Franken en de Graaf, heb ik naar je gemaild. Vanaf
1994 wordt Stichting Lezen benoemt tot landelijk platform leesbevordering.
Zie pagina 20 scriptie Franken en de Graaf, onder Leesbevordering anno
2013!!!
Hoe veel medewerkers heeft de Stichting Lezen?
Bij Stichting Lezen werken 14 medewerkers.
Hoe is de Stichting Lezen georganiseerd?
Stichting Lezen heeft een directeur, Gerlien van Dalen, daarnaast heeft Stichting Lezen een administrateur, een directie/bestuurssecretaresse en een
bureausecretaresse, een medewerker PR en Communicatie, een medewerker
social media, een beleidsmedewerker onderzoek en een medewerker onderzoek, een projectmedewerker onderzoek, een projectleider voor- en vroeg-
schoolse periode, een projectleider basisonderwijs, een projectleider vmbo
en pabo, een projectleider voortgezet onderwijs. Daarnaast is er een bijzonder hoogleraar Leesgedrag aan de Stichting Lezen verbonden. Deze hoogleraar is werkzaam bij de Vrije Universiteit Amsterdam.
Waarom is leesbevordering belangrijk?
Lezen van verhalen en gedichten versterkt het cultureel burgerschap en de
samenleving als geheel. Goede leesvaardigheid is onontbeerlijk voor een
moderne kennissamenleving, een groeiende economie en een bloeiend cultureel-maatschappelijk leven. Lezen draagt behalve aan de samenlevin ook
bij aan individueel bewustzijn en genot. Door verhalen en gedichten te lezen
kunnen mensen zich ontspannen, genieten van esthetisch taalgebruik, kennis
opdoen over de wereld, zich inleven in de personages en een fantasiewereld

oproepen. In de visie van Stichting Lezen is deze persoonlijke positieve leesbeleving een cruciale voorwaarde voor een sterke leescultuur. Lezen voor het plezier in de vrije tijd en geletterdheid versterken elkaar namelijk over en weer. Wie veel voor zijn plezier leest, wordt een steeds vaardiger lezer, en zal als gevolg daarvan nog meer gaan lezen, waardoor hij en nog vaardiger lezer wordt. Deze positieve wisselwerking leidt via de groeiende individuele leesvaardigheid, tot een geletterde samenleving en tot een sterke leescultuur. Het streven naar een sterke leescultuur verdient blijvende inspanning. Als het gaat om het lezen van papieren boeken, en daarbinnen van literatuur, is er sprake van een achteruitgang. Er worden, door de recessie en een veranderend informatiegebruik, steeds minder (literaire) boeken verkocht. Daarnaast laat het aantal bibliotheekleden en het aantal uit de openbare bibliotheek geleende boeken sinds geruime tijd een gestage daling zien. De verklaring voor deze ontwikkeling is dat het lezen van boeken in toenemende mate moet concurreren met andere vormen van vrije tijdsbesteding.

De concurrentie tussen de media is vooral bij jonge mensen zichtbaar. Zij lezen in hun vrije tijd steeds minder vaak een boek, terwijl hun gebruik van de computer het hoogst is. Ook hebben jongeren relatief weinig plezier in het lezen van boeken, zo blijkt uit het laatste internationale PISA-onderzoek. Nederlandse 15-jarigen staan onderaan de rangljst leesattitude, wat betekent dat zij lezen het minst leuk vinden van de jongeren uit de 65 deelnemende OESO-landen. Desondanks zit het met de leesvaardigheid van Nederlandse 15-jarigen nog behoorlijk goed: hun PISA-scores vertonen een stabiel niveau, en ze staan nog altijd tiende op de wereldranglijst.

Welke aspecten van leesbevordering vindt de Stichting Lezen bijzonder belangrijk en waarom?

Stichting Lezen stelt zich ten doel intermediairs te helpen een omgeving te creëren waarin ieder kind en iedere jongeren de kans krijgt om het plezier in lezen te ontdekken en een passie te ontwikkelen voor lezen, om boeken te kiezen die aansluiten bij zijn of haar interesse en leesniveau en om uit te groeien tot een blijvende lezer. Uitgangspunt blijft het concept van de doorgaande leeslijn. Daarbij is het van belang dat voor alle kinderen en jongeren gedurende hun onderwijscarrière, hoe die er ook uitziet, structureel en ononderbroken aandacht zijn voor verschillende aspecten van lezen. (zie ook pagina 9 Beleidsplan *Samenwerken aan een sterke leescultuur*). Dankzij wetenschappelijk onderzoek en de eigen praktijkexpertise beschikt Stichting Lezen over steeds dieper inzicht in hoe kinderen uitgroeien tot lezers. We weten wat werkt. Dit inzicht is vertaald in acht succesfactoren voor leesbevordering: een stimulerende leesomgeving, effectieve en stimulerende werkvormen en aanpak op maat. Binnen de leesomgeving zijn de bepalende factoren: het boekenaanbod (1), de ondersteunende en stimulerende rol van professionele leesbevorderaars (2), de ouders en vrienden (3) en een rustige plek om te lezen (4). De meest succesvolle werkvormen binnen leesbevordering zijn: voorlezen (5), vrij lezen (6) en gesprekken over boeken (7). Bovenal is een gedifferentieerde aanpak (8) van belang. Voor iedere lezer een boek dat tegemoet komt aan zijn of haar interesse en niveau.

Welke campagne en welk project was ofwel is bijzonder succesvol en waarom?

Er zijn veel belangrijke campagnes en projecten. Zie hiervoor ook onze site. Stichting Lezen heeft een aantal zogenaamde vlaggenschipprojecten, projecten die belangrijk zijn voor het imago van Stichting Lezen: De Nationale Voorleesdagen, De Nationale Voorleeswedstrijd, De Jonge Jury, de Weddenschap zijn echt leesbevorderingscampagnes die grote bekendheid genieten en waar jaar op jaar meer deelnemers aan mee doen. Ook het project BoekStart en Bibliotheek op school zijn belangrijk en succesvol.

Welke campagne en welk project is voor de Stichting Lezen het belangrijkst en waarom?

Er is niet een project dat het belangrijkste is er zijn meerder projecten zie ook vorige vraag. De vlaggenschip projecten zijn structureel en komen elk jaar weer terug op de begroting. Daarnaast bekostigen we ook nog projectaanvragen van buiten zie hiervoor onze site: Projectaanvraag indienen. Daar vind je alle informatie over criteria enz voor het indienen van een project.

Hoe veel budget is er voor ieder campagne en waar komt dit budget vandaan?

Hiervoor verwijs ik je naar het jaarverslag dat ik digitaal meestuur. Budget voor projecten worden jaarlijks begroot en bekostigt uit de subsidie die wij krijgen van het ministerie en soms betalen we de kosten samen met een andere organisatie. De Nationale Voorleesdagen bijvoorbeeld is een project van Stichting Lezen (wij hebben het initiatief genomen) en CPNB voert dit project uit. SL is te klein om alle projecten zelf uit te voeren namelijk.

Op heel bescheiden niveau is er soms ook sponsoring van buiten, zo heeft Coca Cola ooit bijgedragen aan een project de Jonge Jury en onlangs sponsorde de Stichting Kinderpostzegels nog een project. En de SNS bank heeft al eens bijgedragen aan een project. Echter er is geen sprake van structurele sponsoring, alleen incidenteel.

Hoe groot is de reikwijdte van de Stichting Lezen? Welke mensen bereikt u?

We richten ons met onze projecten voornamelijk op intermediairs, dus die mensen die werken met kinderen in de leeftijd van 0–18 jaar: kinderdagverblijfmedewerkers, leraren basisschool en voortgezetonderwijs, bibliotheken, leesbevorderaars. Voor wat betreft ons onderzoek hebben we veel contact met universiteiten en wetenschappers. In het jaarverslag vind je een overzicht met getallen over oplages en deelnemers aan onze projecten enz.

Is er een verschil tussen de campagnes, d. w. z. zijn sommige campagnes beperkt tot bepaalde steden of regio´s?

Nee er is geen verschil tussen de campagnes. Al onze campagnes zijn landelijk, Nederland is maar klein, niet te vergelijken met Duitsland! Zie site bij projectaanvraag voor meer informatie hierover. Wel is het zo dat de provincie Friesland waar een eigen taal gesproken wordt ook zijn eigen projecten heeft. SL bevordert de leescultuur in de Nederlandse en Friese taal.

Bij enkele campagnes werkt u samen met Stichting Lezen & Schrijven en/of Stichting Collectieve Propaganda van het Nederlandse Boek. Wat leidde tot deze samenwerking?

Zoals ik al eerder aangaf werkt SL al heel lang samen met de CPNB, zoals bijvoorbeeld het project De Nationale Voorleesdagen, Kinderboekengids, lessuggesties bij Nederland leest en Boekenweek. We werken veel samen met de CPNB omdat we niet alle projecten zelf kunnen uitvoeren, hebben daar de mankracht niet voor en CPNB heeft veel ervaring met campagnes.

Sinds 2012 is de Leescoalitie gevormd: Stichting Lezen (directeur is voorzitter van de Leescoalitie), CPNB, Koninklijke Bibliotheek en Stichting Lezen en Schrijven willen samen de leescultuur versterken in al zijn facetten, waarbij elke afzonderlijke organisatie een accent legt in lijn met de eigen doelstellingen. De leden van de Leescoalitie werken complementair: er is aandacht voor het terugdringen van laaggeletterdheid, maar ook voor het stimuleren van mensen tot het lezen van literatuur. De samenwerking versterkt bestaande activiteiten, maar brengt ook innovatie in denken, beleid en activiteiten voort.

De leescoalitie heeft de volgende ambitie: In 2025 verlaat geen enkel kind school met een leesachterstand.

Wat is »Kunst van Lezen«?

Kunst van Lezen is een programma dat sinds 2008 bestaat en dat tot stand is gekomen met een extra stimuleringssubsidie van het ministerie van OCW. In 2008 schreef de toenmalige minister van cultuur aan de Tweede Kamer: Over het belang van lezen bestaat geen discussie. Lezen is een onmisbare vaardigheid in de samenleving. Lezen en literatuur geven zin en glans aan de samenleving. Het kabinet will daarom dat ieder kind kennismaakt met de waarde en het plezier van lezen, thuis en op school. Maar omdat het niet vanzelfsprekend is dat iedereen voldoende in anraking komt met de wereld van het boek, heeft het ministerie van OCW het programma Kunst van Lezen geïnitieerd. Kunst van Lezen wordt door de Koninklijke Bibliotheek en Stichting Lezen gezamenlijk aangestuurd. KvL kent 3 grote programma's: BoekStart (zie BoekStart.nl), Bibliotheek op school en landelijke en lokale netwerken opzetten.

Welk budget staat de Stichting Lezen ter beschikking per jaar?

1,85 miljoen per jaar en het wordt gefinancierd door het ministerie van Onderwijs Cultuur en Wetenschappen. Die 1,85 miljoen betreft deels beheerskosten (bureau/personeel) en deels projectgelden. Om de vier jaar moet Stichting Lezen een beleidsplan indienen en op basis daarvan wordt bepaald of Stichting Lezen weer in aanmerking komt voor subsidie.

Ik ben het er mee eens, dat dit interview in de bachelorscriptie van Sabrina Holitzner wordt gebruikt (Ich bin damit einverstanden, dass dieses Interview in der Bachelorarbeit von Sabrina Holitzner verwendet wird): JA

Übersetzung des Interviews mit Desirée van der Zander (Stichting Lezen) von Sabrina Holitzner:

Name: Desirée van der Zander

Funktion bei der Stichting Lezen: Koordinatorin Kommunikation und PR

Wie ist die Stichting Lezen im Detail entstanden und was war die Idee dahinter?

Die Stichting Lezen wurde 1988 von drei Parteien gegründet: dem Koninklijke Nederlandse Uitgeversbond (Königlichen Niederländischen Verlegerverband), dem Nederlandse Boekverkopersbond (Niederländischen Buchhändlerverband) und dem Nederlands Bibliotheek en Lektuur Centrum (Niederländischen Bibliotheks- und Lesezentrum) (später Sector Instituut

Openbare Bibliotheken [Bereichsinstitut für Öffentliche Bibliotheken], das 2014 wiederum in die Koninklijke Bibliotheek [Königliche Bibliothek] aufgenommen worden ist). Der Gedanke hinter der Gründung der Stichting Lezen war, dass gerade eine öffentlich-private Zusammenarbeit zwischen Verlegern, Buchhandlungen und Bibliotheksarbeit die Gezeiten (der Entlesung) wenden könnten. Siehe auch Seite 13 und die folgenden Seiten in der Arbeit von Franken und de Graaf, die ich dir gemailt habe. 1994 wurde die Stichting Lezen zur nationalen Plattform für die Leseförderung ernannt. Siehe Seite 20 in der Arbeit von Franken und de Graaf unter Leseförderung im Jahr 2013!!!

Wie viele Mitarbeiter hat die Stichting Lezen?

Bei der Stichting Lezen arbeiten 14 Mitarbeiter.

Wie ist die Stichting Lezen organisiert?

Die Stichting Lezen hat eine Direktorin, Gerlien van Dalen. Daneben hat die Stichting Lezen einen Zentralverwalter, eine Direktions-/Verwaltungssekretärin und eine Bürosekretärin, einen Mitarbeiter für PR und Kommunikation, einen Mitarbeiter für Social Media, einen Sachbearbeiter für Forschung und einen Mitarbeiter für Forschung, einen Projektmitarbeiter für Forschung, einen Projektleiter für die Vorschulzeit, einen Projektleiter für den Grundschulunterricht, einen Projektleiter für vmbo und pabo und einen Projektleiter für die weiterführende Schule. Daneben ist ein privater Hochschullehrer für Leseverhalten bei der Stichting Lezen angestellt. Dieser Hochschullehrer arbeitet bei der Freien Universität Amsterdam.

Warum ist Leseförderung bedeutsam?

Das Lesen von Erzählungen und Gedichten stärkt das kulturelle Zusammenleben und die Gesellschaft als Ganzes. Eine gute Lesekompetenz ist unentbehrlich für eine moderne Wissensgesellschaft, eine wachsende Wirtschaft und ein blühendes kulturell-soziales Leben. Lesen trägt außer zur Gesellschaft auch zum individuellen Bewusstsein und Genuss bei. Durch das Lesen von Erzählungen und Gedichten können Menschen sich entspannen, ästhetischen Sprachgebrauch genießen, Wissen über die Welt erwerben, sich in die Charaktere hineinversetzen und in eine Fantasiewelt eintauchen. Nach Meinung der Stichting Lezen ist dieses persönliche positive Leseerlebnis eine wesentliche Bedingung für eine starke Lesekultur. Lesen zum Vergnügen in der Freizeit und Belesenheit verstärken sich nämlich gegenseitig. Wer viel zu seinem Vergnügen liest, wird ein immer kompetenterer Leser und wird als Folge davon noch mehr lesen, wodurch er ein noch kompetenterer Leser wird. Diese positive Wechselwirkung führt über die wachsende individuelle

Lesekompetenz zu einer belesenen Gesellschaft und zu einer starken Lese-kultur. Das Streben nach einer starken Lesekultur erfordert eine dauerhafte Anstrengung. Wenn es um das Lesen von gedruckten Büchern und insbe-sondere um das Lesen von Literatur geht, ist die Rede von einem Rückgang. Es werden durch den Konjunkturrückgang und einen veränderten Informa-tionsgebrauch immer weniger (literarische) Bücher verkauft. Daneben las-sen die Anzahl der Bibliotheksmitglieder und die Anzahl geliehener Bücher aus einer öffentlichen Bibliothek seit einer geraumen Zeit einen ständigen Rückgang erkennen. Die Erklärung für diese Entwicklung ist, dass das Lesen von Büchern in zunehmendem Maße mit anderen Formen der Freizeitbe-schäftigung konkurrieren muss. Diese Konkurrenz unter den Medien ist vor allem bei jungen Menschen sichtbar. Sie lesen in ihrer Freizeit immer weni-ger ein Buch, während ihr Gebrauch eines Computers am höchsten ist. Dazu kommt auch, dass Jugendliche relativ wenig Spaß am Lesen von Büchern haben. Das zeigt sich an der letzten internationalen PISA-Studie. Niederlän-dische 15-Jährige stehen in der Rangliste zu ihrer Einstellung zum Lesen ganz unten, was bedeutet, dass sie Lesen am wenigsten genießen von den Jugend-lichen aus den 65 teilnehmenden Ländern der Organisation für wirtschaftli-che Zusammenarbeit und Entwicklung.

Trotzdem sieht es mit der Lesekompetenz von niederländischen 15-Jährigen noch beträchtlich gut aus: Ihre PISA-Ergebnisse weisen ein stabiles Niveau auf und sie stehen noch immer auf Platz 10 der Weltrangliste.

Welche Aspekte der Leseförderung sind der Stichting Lezen besonders wichtig und warum?

Die Stichting Lezen hat sich zum Ziel gesetzt, Vermittlern zu helfen, eine Umgebung zu schaffen, in der jedes Kind und jeder Jugendliche die Chance bekommt, den Spaß am Lesen zu entdecken und eine Leidenschaft für das Lesen zu entwickeln, um Bücher zu wählen, die an ihr Interesse und ihr Leseniveau anknüpfen, und um sich zu einem dauerhaften Leser zu entwi-ckeln. Ausgangspunkt bleibt das Konzept einer durchgehenden Leselinie. Dabei ist es wichtig, dass für alle Kinder und Jugendlichen während ihrer Bildungskarriere, wie auch immer die aussieht, eine strukturelle und unun-terbrochene Aufmerksamkeit für verschiedene Aspekte des Lesens gegeben ist (siehe auch Seite 9 im strategischen Plan *Samenwerken aan een sterke leescultuur [Zusammenarbeiten an einer starken Lesekultur]*). Dank wis-senschaftlicher Untersuchungen und eigener praktischer Erfahrungen ver-fügt die Stichting Lezen über immer tiefere Einblicke, wie sich Kinder zu

Lesern entwickeln. Wir wissen, was funktioniert. Diese Erkenntnis ist in acht Erfolgsfaktoren für Leseförderung umgesetzt: eine anregende Leseumgebung, effektive und anregende Arbeitsformen und Vorgehen nach Maß. Innerhalb der Leseumgebung sind die entscheidenden Faktoren: das Buchangebot (1), die unterstützende und anregende Rolle von professionellen Leseförderern (2), Eltern und Freunde (3) und ein ruhiger Ort, um zu lesen (4). Die erfolgreichsten Arbeitsformen innerhalb der Leseförderung sind: Vorlesen (5), Freies Lesen (6) und Gespräche über Bücher (7). Darüber hinaus ist eine differenzierte Vorgehensweise (8) von Bedeutung: für jeden Leser ein Buch, das seinem Interesse und Niveau entspricht.

Welche Kampagne und welches Projekt war bzw. ist besonders erfolgreich und warum?

Es gibt viele wichtige Kampagnen und Projekte. Schaue dafür auch auf unsere Webseite. Stichting Lezen hat eine Anzahl sogenannter Flaggschiffprojekte; Projekte, die wichtig für das Image der Stichting Lezen sind: De Nationale Voorleesdagen (die Nationalen Vorlesetage), De Nationale Voorleeswedstrijd (der Nationale Vorlesewettbewerb), De Jonge Jury (die Junge Jury) und De Weddenschap (die Wette) sind wirklich Leseförderungskampagnen, die eine große Bekanntheit genießen und an denen Jahr für Jahr mehr Teilnehmer mitmachen. Auch das Projekt BoekStart (Buchstart) und Bibliotheek op school (Bibliothek in der Schule) sind wichtig und erfolgreich.

Welche Kampagne und welches Projekt ist der Stichting Lezen am wichtigsten und warum?

Es gibt kein Projekt, das am wichtigsten ist. Es sind mehrere Projekte. Siehe auch die vorherige Frage. Die Flaggschiffprojekte sind strukturell und kommen jedes Jahr wieder auf den Haushaltsplan. Daneben finanzieren wir auch noch Projektanfragen von außerhalb. Schaue dazu auch auf unserer Webseite unter Projectaanvraag indienen (Projektanfrage stellen). Da findest du alle Informationen zu den Kriterien etc. für das Einreichen eines Projekts.

Wie viele Gelder fließen in die einzelnen Kampagnen und woher stammen diese Gelder?

Dafür verweise ich dich auf den Jahresbericht, den ich digital mitschicke. Das Budget für Projekte wird jährlich veranschlagt und finanziert sich durch Subventionen, die wir vom Ministerium bekommen, und manchmal bezahlen wir die Kosten zusammen mit anderen Organisationen. De Nationale Voorleesdagen zum Beispiel sind ein Projekt von der Stichting Lezen (wir haben die Initiative ergriffen) und CPNB führt dieses Projekt durch. Die Stichting Lezen ist nämlich zu klein, um alle Projekte selbst durchzuführen. Auf sehr bescheidenem Niveau gibt es manchmal auch Sponsoring von außerhalb. So hat Coca Cola einmal zum Projekt Jonge Jury beigetragen und vor kurzem sponserte die Stichting Kinderpostzegels noch ein Projekt. Und die SNS Bank hat auch einmal zu einem Projekt beigetragen. Allerdings ist keine Rede von strukturellem Sponsoring, nur gelegentlich.

Wie groß ist die Reichweite der Stichting Lezen? Welche Menschen erreichen Sie?

Wir richten uns mit unseren Projekten insbesondere an Vermittler, also an die Menschen, die mit Kindern im Alter zwischen 0 und 18 Jahren arbeiten: Mitarbeiter von Kindertagesstätten, Lehrer der Grundschule und der weiterführenden Schule, Bibliotheken und Leseförderer. Was unsere Forschung betrifft, haben wir viel Kontakt mit Universitäten und Wissenschaftlern. Im Jahresbericht findest du eine Übersicht mit Zahlen über die Auflagen und Teilnehmer unserer Projekte etc.

Gibt es Unterschiede bei den einzelnen Kampagnen, d. h. sind manche auf bestimmte Städte oder Regionen beschränkt?

Nein, es gibt keinen Unterschied bei den Kampagnen. All unsere Kampagnen sind landesweit. Die Niederlande sind allerdings klein, nicht zu vergleichen mit Deutschland! Siehe unsere Webseite unter Projektanfrage für mehr Informationen darüber. Jedoch ist es so, dass die Provinz Friesland, wo eine eigene Sprache gesprochen wird, auch ihre eigenen Projekte hat. Die Stichting Lezen fördert die Lesekultur in niederländischer und friesischer Sprache.

Bei einigen Kampagnen arbeiten Sie mit der Stichting Lezen & Schrijven oder der Stichting Collectieve Propaganda van het Nederlandse Boek zusammen. Wie kam es zu dieser Kooperation?

Wie ich schon zuvor angegeben habe, arbeitet die Stichting Lezen schon sehr lange mit der CPNB zusammen, wie zum Beispiel bei den Projekten De Nationale Voorleesdagen, Kinderboekengids (Kinderbücherguide), Unterrichtsvorschläge bei Nederland leest (die Niederlande lesen) und Boekenweek (Buchwoche). Wir arbeiten viel mit der CPNB zusammen, weil wir nicht alle Projekte selbst durchführen können, da wir dafür nicht das Personal haben und die CPNB viel Erfahrung mit Kampagnen hat. 2012 entstand die Leescoalitie (Lesekoalition): Stichting Lezen (die Direktorin ist die Vorsitzende der Leescoalitie), CPNB, Koninklijke Bibliotheek und Stichting Lezen

& Schrijven wollen zusammen die Lesekultur in all ihren Facetten stärken, wobei jede einzelne Organisation den eigenen Zielstellungen folgend eigene Akzente setzt.

Die Mitglieder der Leescoalitie arbeiten komplementär: Die Aufmerksamkeit liegt auf der Reduzierung von funktionalem Analphabetismus, aber auch darauf, Menschen zum Lesen von Literatur anzuregen. Die Zusammenarbeit verstärkt bestehende Aktivitäten, schafft aber auch Innovationen im Denken, in der Politik und bei Aktivitäten. Die Leescoalitie hat die folgende Ambition: 2025 verlässt kein einziges Kind die Schule mit einem Leserückstand.

Was ist »Kunst van Lezen«?

Kunst van Lezen (Die Kunst des Lesens) ist ein Programm, das seit 2008 existiert und mit einem extra Subventionszuschuss vom Ministerium für Bildung, Kultur und Wissenschaft zustande gekommen ist. 2008 schrieb der damalige Kultusminister an die Zweite Kammer des Parlaments: Über die Bedeutsamkeit des Lesens gibt es keine Diskussion. Lesen ist eine unentbehrliche Fähigkeit in der Gesellschaft. Lesen und Literatur geben der Gesellschaft Sinn und Glanz. Das Kabinett will deshalb, dass jedes Kind den Wert und den Spaß am Lesen kennenlernt, zu Hause und in der Schule. Aber weil es nicht selbstverständlich ist, dass jeder ausreichend mit der Welt des Buches in Berührung kommt, hat das Ministerium für Bildung, Kultur und Wissenschaft das Programm Kunst van Lezen initiiert. Kunst van Lezen wird von der Koninklijke Bibliotheek und der Stichting Lezen gemeinsam koordiniert. Kunst van Lezen besteht aus drei großen Programmen: BoekStart (siehe BoekStart.nl), Bibliotheek op school und das Organisieren von landesweiten und örtlichen Netzwerken.

Welches Budget hat die Stichting Lezen jährlich zur Verfügung?

1,85 Millionen pro Jahr und es wird vom Ministerium für Bildung, Kultur und Wissenschaft finanziert. Die 1,85 Millionen betreffen zum Teil Verwaltungskosten (Büro/Personal) und zum Teil Projektgelder. Alle vier Jahre muss die Stichting Lezen einen strategischen Plan einreichen und auf Basis davon wird bestimmt, ob die Stichting Lezen wieder für Subventionen in Betracht kommt.

Ich bin damit einverstanden, dass dieses Interview in der Bachelorarbeit von Sabrina Holitzner verwendet wird: JA